德行天下

中华优秀传统文化辅学读本

主　编：宋晓文
副主编：杨云山　高健群
校　审：龚晓明
编　委：杨　莉　彭慧洁　张正芳
　　　　任玉慧　李英敏　徐国良

图书在版编目（CIP）数据

德行天下：中华优秀传统文化辅学读本 / 宋晓文主编. —南昌：江西人民出版社，2017.4

ISBN 978-7-210-09339-8

Ⅰ.①德… Ⅱ.①宋… Ⅲ.①品德教育－中国－高等学校－教材 Ⅳ.①D648

中国版本图书馆CIP数据核字（2017）第059936号

德行天下：中华优秀传统文化辅学读本　　宋晓文　主编

策划编辑：章华荣
责任编辑：徐明德　蒲　浩
装帧设计：同昇文化传媒　欧阳富萍
出版发行：江西人民出版社
社　　址：南昌市三经路47号附1号　（330006）
承　　印：江西千叶彩印有限公司
开　　本：787毫米×1092毫米　1/16　印张：12.75
版　　次：2017年4月第1版第1次印刷
字　　数：200千字
书　　号：ISBN 978-7-210-09339-8
定　　价：35.00元

赣版权登字—01—2017—247
版权所有　侵权必究
发 行 部：0791-86898815
编 辑 部：0791-86899010　E-mail：taxue888@foxmail.com
赣人版图书凡属印刷、装订错误，请随时向承印厂调换

前　言

　　中华民族传统文化源远流长、博大精深，是中华民族数千年物质创造和精神演进的结晶，其以儒家思想为内核，兼具道家、佛家等文化特点，包括饮食、服饰、建筑、散文、诗词、音乐、戏剧、国画、书法等多种形式。

　　一个民族的文化是"国家兴亡之学，民族盛衰之学"，中华优秀传统文化积淀了中华民族最深沉的精神追求，代表着独特的精神标识，是民族生生不息、发展壮大的不竭源泉，是中国特色社会主义事业植根的文化沃土。中华优秀传统文化重视个人道德修养，推崇推己及人、立己达人；重视刚毅自强、襟抱远大；鼓励好学笃行、豁达乐观；反对自私自利、骄奢淫逸；不排斥对物质财富的追求，但更强调以道德为前提，提倡诚信敬业等。

　　近年来，社会各界对传统文化的热情增强、参与面广，传承传统文化的活动形式多样、发展势头良好。但在如何看待传统文化的地位作用、如何阐释其核心内容、如何传承弘扬等问题上，存在不同认识。随着我国对外开放日益扩大，互联网技术和新媒体快速发展，西方社会文化思潮大量涌入，多种思想文化交流交融交锋愈加频繁，一定程度上出现了崇洋媚外，甚至漠视、贬低优秀传统文化的现象。

　　党的十八大以来，习近平总书记推崇文化自信，他强调，在实现中华民族伟大复兴的中国梦征途中，中国人离不开道路自信、理论自信、制度自信，也离不开文化自觉和文化自信。中华优秀传统文化的继承与发展，是中国道路的题中应有之义，是构建和谐社会、走向民族复兴的必由之路。2017年1月，中共中央办公厅、国务院办公厅印发了《关于实施中华优秀传统文化传承发展工程的意见》，这是第一次以中央文件形式力推中华优秀传统文化传承发展工作。《意见》指出，实施中华优秀传统文化传承发展工程，是建设社会主义文化强国的重大战略任务，对于传承中华文脉、全面提升人民群众文化素养、维护国家文化安全、增强国家文化软实力，具有重要意义。

中华优秀传统文化是宝贵的精神财富，更是高校教育不可或缺的教育资源。时代和社会发展的趋势表明，单纯的技术型、经济型人才已经难以适应社会发展的需要，文明的进步、国家的繁荣昌盛需要更多兼具专业技能与文化修养的高素质人才。加强优秀传统文化教育是现代教育的必然选择，是培养德才兼备之英才的重要举措。

大学生是最富有朝气、创造性和生命力的群体，其素质决定着国家发展的未来。对大学生进行中华优秀传统文化教育，是引导大学生树立正确价值观、继承优良道德传统的重要途径，意义重大。

我们希望青年学子在中华优秀传统文化的感召下，崇德向善，奋发有为，为实现中华民族的伟大复兴贡献力量。

目 录

第一篇　发现生活之美

一、民以食为天——舌尖上的艺术……………………………… **003**
　　（一）色香味全的中华美食 ……………………………… **003**
　　（二）尚尊敬长的餐饮礼仪 ……………………………… 016

二、云想衣裳花想容——服饰的美丽……………………………… **028**
　　（一）多元多彩的唯美服饰 ……………………………… 028
　　（二）美在得体的服饰礼仪 ……………………………… 036

三、燕子飞时，绿水人家绕——居住的和谐……………………… **043**
　　（一）天人合一的居住环境 ……………………………… 043
　　（二）守望相助的邻里关系 ……………………………… 052

第二篇　享受生命之趣

一、生如夏花，死若秋叶——生命的绚烂与静美………………… **063**
　　（一）中华传统文化中的生命教育 ……………………… 063

（二）生命教育的文化依托 ………………………… 067
　　（三）当代大学生的生命意识 ………………………… 072
二、视其所好，可以知人——生命的灵动与丰盈 ………… **082**
　　（一）高山流水觅知音——古琴 ……………………… 082
　　（二）闲敲棋子落灯花——围棋 ……………………… 084
　　（三）挥毫落纸如云烟——书法 ……………………… 086
　　（四）不着一字得风流——绘画 ……………………… 090
　　（五）洗尽古今人不倦——品茶 ……………………… 094
　　（六）我见青山多妩媚——寄情山水 ………………… 097
　　（七）一花一木总关情——爱花赏花 ………………… 101
　　（八）自信人生二百年——强身健体 ………………… 104

三、嘤其鸣矣，求其友声——生命的吸引与和谐 ………… **110**
　　（一）见贤思齐，贵在知心 …………………………… 110
　　（二）平等真诚，宽容互助 …………………………… 113
　　（三）审慎择友，珍惜友谊 …………………………… 125

目录

第三篇　开创未来之路

一、学而时习之——为学习正心 …………………………… **131**
　　（一）人不学，不知道 ………………………………… **131**
　　（二）勤于学，力于行 ………………………………… **139**
　　（三）俯而读，仰而思 ………………………………… **143**

二、宝剑锋从磨砺出——为就业热身 ………………… **153**
　　（一）客观认知自我 …………………………………… **153**
　　（二）传承工匠精神 …………………………………… **158**

三、长风破浪会有时——为创业积累 ………………… **175**
　　（一）观念先行 ………………………………………… **175**
　　（二）方向明确 ………………………………………… **181**
　　（三）创业唯新 ………………………………………… **188**

参考文献 ………………………………………………… **194**
后记 ……………………………………………………… **196**

第一篇

发现生活之美

　　古人云："青青翠竹，皆是法身；郁郁黄花，无非般若。"生活中不是缺少美，而是缺少发现美的眼睛。美，不只存在于思想中，也不只存在于美术馆、艺术厅，美就在我们生活中。在每日衣食住行中去体会美，更能令人心醉。

　　一方水土养一方人，美是一种对生命的关爱和对生活的倾心。生活之美吸引人心、引导行为，人的心灵也应善于发现生活之美——品味中华饮食之美，精致多元，色香味全；欣赏中华服饰之美，多彩绚烂，各具特色；感悟中华居住之美，天人合一，心旷神怡；传承中华礼仪之美，尚尊敬长，优雅得体。

　　天地有大美，生活有大美，带上眼睛和心灵，出发吧！

中国故事

贾府的茄鲞

《红楼梦》第四十一回,凤姐奉贾母之命,挟了些茄鲞(xiǎng,泛指成片的腌腊食品)给刘姥姥吃,刘姥姥吃了说:"别哄我,茄子跑出这味儿来,我们也不用种粮食了,只种茄子了。"这道菜的做法,书中进行了较为详细的介绍,凤姐向刘姥姥讲解说:"用才摘下来的茄子把皮去了,只要净肉,切成碎丁子,用鸡油炸了,再用鸡脯子肉并香菌、新笋、蘑菇、五香腐干、各色干果子,俱切成丁子,用鸡汤煨干,将香油一收,外加糟油一拌,盛在瓷罐子里封严,要吃时拿出来,用炒的鸡瓜一拌就是。"

一道普通的家常菜经过复杂的制作就变成了舌尖上的艺术品。孙中山先生认为烹调也是一门艺术,他曾说:"夫悦目之画,悦耳之音,皆为美术;而悦口之味,何独不然?是烹调者,亦美术之一道也。……是烹调之术本于文明而生,非深孕乎文明之种族,则辨味不精;辨味不精,则烹调之术不妙。"

一、民以食为天——舌尖上的艺术

（一）色香味全的中华美食

2012年5月，《舌尖上的中国》一经播出，好评如潮。这部大型美食纪录片，介绍了中国各地美食生态，通过中华美食的多个侧面，展现了食物给中国人生活带来的仪式、伦理等方面的文化；呈现了中国特色食材，以及与食物相关、构成中国美食特有气质的一系列元素。

中国饮食的发端与演变绵延170多万年，从生食到熟食再到烹饪，最终形成了众多色香味俱全的美食，同时也在我们的舌尖上留下意蕴。

1. 长江绕郭知鱼美——中国的传统美食

❶ 中华大宴

"民以食为天"，中国饮食文化历史悠久，因地理、气候、习俗、特产的差异形成了鲁菜、川菜、粤菜、闽菜、苏菜、浙菜、湘菜、徽菜等八大菜系，长期的文化交流使各大菜系交相辉映、各有千秋，成为中华文明瑰丽的奇葩。到清代，则形成了历史上最著名的集满族与汉族菜点之精华的中华大宴——"满汉全席"。

满汉全席，菜点精美，礼仪讲究，形成了引人注目的独特风格。宾客入席前，先上两对香、茶水和手碟，台面上有四鲜果、四干果、四看果和四蜜饯；宾客入席后，先上冷盘，然后热炒菜、大菜、甜菜依次上桌。满汉全席，分为六宴，均以清宫著名大宴命名，汇集满汉众多著名美食，择取时鲜海味，搜寻山珍异兽。全席有冷荤热肴一百九十六品，点心茶食一百二十四品，用全套粉彩万寿餐具，配以银器，富贵华丽，用餐环境古朴典雅。席间专请名师奏古乐伴宴，礼仪严谨庄重。全席食毕，可以令人领略中华烹饪的博大精深，尽享万物之灵之至尊。

满汉全席一般出现在封建社会特权等级的宴席上，在中华文明中，是一瑕瑜互见的文化遗产。一方面，我们应继承和弘扬劳动人民的精湛技艺和创造性；另一方面，我们也应对其所表现的享乐思想和奢靡之气持批判态度。

❷ 民族风味

坨坨肉·彝族荞粑

彝族美食，养育一个民族，陶醉整个世界。当你吃着鲜嫩味香的坨坨肉，喝着甘香浓郁的杆杆酒，用独树一帜、自成风味的圆根酸菜，给单调的腊肉汤、洋芋汤、鸡汤、鱼汤画龙点睛时，会想起一个好客的民族——彝族。

坨坨肉是凉山彝族地区最有名的特色美食，彝语称"乌色色脚"，意思是猪肉块块。坨坨肉，顾名思义，其外观如"坨坨"，猪、牛、羊、鸡都可制作坨坨肉，其中以仔猪坨坨肉最有名气。人们将坨坨肉放在簸箕里，一块肉就有一个拳头大小。彝族人以坨坨肉表达待客的热情和大方，也让人看到他们粗犷豪放的一面。

苦荞粑粑是彝族的主食。苦荞麦是高寒地区出产的一种粗粮，有苦荞和甜荞之分，做粑粑用的是不很苦的甜荞。荞麦具有清凉爽口、又纯又香的特点，而且富含人体需要的多种氨基酸，是糖尿病人的食谱之一。因为苦荞粑粑味道略苦，所以在彝族地区，每当春暖花开盛产蜂蜜的季节，人们把苦荞粑粑烧好或煎好后，便从蜂蜜桶里取出蜂蜜，用牛耳大的叶包好，蘸食苦荞粑粑。

校园故事

师生欢庆彝族新年

2016年11月20日,彝历新年如期而至。来自宜春职业技术学院的30余名彝族同学,身着民族服饰在宜春市白马农庄举行庆祝彝历新年活动。

在白马农庄,彝族男生杀猪烧猪做坨坨肉,勤劳漂亮的彝族女生做荞粑,忙得不亦乐乎。

"远方的贵宾,四海的朋友,我们不长聚,难有相见时;彝家有传统,待客先用酒;彝乡多美酒,美酒敬宾朋。请喝一杯酒啊,请喝一杯酒啊……"彝族同学们手持美酒,唱响热情的祝酒歌迎接嘉宾的到来。热烈的气氛感染了在场的所有人,大家在激昂的歌声、欢快的节奏中兴高采烈地跳起达体舞,将节日气氛推向高潮。

藏族糌粑·酥油茶

糌(zān)粑是藏族的主食,原料有青稞、豌豆、燕麦等,形似内地的炒面。藏族人无论是下地劳动、上山放牧,还是出门旅行,都要随身携带糌粑。其携带方便,又是熟食,想吃时只要在碗里倒少许糌粑,加酥油茶调和后即可食用。在地广人稀、燃料缺乏的牧区,糌粑是一种物美价廉、方便实用的食品。

酥油茶的主要原料是酥油、牛奶,还可加核桃粉、花生仁、芝麻仁、鸡蛋和盐。将这些原料放入搅拌桶,再将茶水煮至呈红色后倒入,搅动片刻,一桶香醇的酥油茶就制成了。制成的酥油茶必须倒入一把大壶,并放在微火上保温。按藏家规矩,饮用酥油茶需用细瓷小碗,喝茶时手指不能浸入碗中,而且，主人倒上的酥油茶客人最好喝尽，不能留一半在碗底，否则是对热情的主人不尊重。若客人不想再喝了，只需用手掌盖住茶碗就行。

维吾尔族羊肉串

说到维吾尔族美食，就会令人情不自禁地想到羊肉串。据古书记载，烤羊肉串在中国已有1800多年的历史。新疆烤羊肉串风味独具，肥香热辣，驰名全国。正宗烤羊肉是一件耗费时间的细活，在烤之前要做的准备工作是炼炭，炼炭的木头以沙漠生长的胡杨木为最好，串肉的签子用新鲜的红柳枝制成。在烤的过程中，剥皮后的新鲜红柳枝会分泌出有点黏稠的红柳汁液，串上羊肉后在炭火的熏烤下，不但可以分解掉羊肉的膻味，还会把红柳树特有的香味渗透进羊肉纤维，结合胡杨炭火的芬芳，给人带来鲜香的口感。羊必须是本土羊，当天现宰，因其每天要在草原上走十多公里，也叫运动羊，这种羊肉质细腻，脂肪层薄且分布均匀，是全疆乃至全国最优质的羊肉。

满族萨其马

萨其马，又称沙琪玛，是满族传统点心。其制法在《燕京岁时记》中有记载：萨其马乃满洲饽饽，以冰糖、奶油合白面为之，形如糯米，用不灰木烘炉烤干，遂成方块，加上果料甜腻可食。在满族入关之前，满洲有一种野生浆果，形似狗奶子，是当时萨其马主要的果料，这也是萨其马旧称"狗奶子糖蘸"的原因。清军入关之后，葡萄干、瓜子仁、山楂等逐渐成为萨其马的果料。

现今，萨其马的做法已改良，以面粉、鸡蛋、白糖、奶油、蜂蜜等为原料。先

将面粉和鸡蛋混合制成面条状炸熟，再与其他原料混合，干后切成方块，是北京著名的糕点之一。

❸ 节令美食

春节年糕

年糕因为谐音"年高"，再加上有着变化多样的口味，几乎成为家家必备的应景食品。方块状的黄、白年糕，象征着黄金、白银，寄寓新年发财的意思。年糕的口味因地而异，北方的年糕以甜为主，或蒸或炸；南方的年糕则或甜或咸，例如苏州及宁波的年糕，以粳米制作，味道清淡。除了蒸、炸以外，还可以切片炒食或是煮汤。甜味的年糕以糯米粉加白糖、猪油、玫瑰、桂花、薄荷、素蓉等配料，做工精细，可以直接蒸食或是沾上蛋清油炸。

中国故事

春节吃年糕的传说

远古时期有一种怪兽称为"年"，一年四季生活在深山老林，靠捕捉其他兽类充饥。严冬季节，因兽类大多藏身冬眠，"年"无野兽可食，饥饿难耐，就下山伤害百姓，攫夺人类充当食物，百姓不堪其苦。后来有个叫"高氏族"的聪明部落，每到严冬，预计怪兽快要下山觅食时，事先用粮食做了大量条块状食物放在门外，人则躲在家里。"年"下山后找不到人，饥不择食，便用人们制作的粮食条块果腹，吃饱后再回到山上。人们看怪兽走了，都纷纷走出家门，相互祝贺，庆幸躲过了"年"的一关，又能平平安安准备春耕了。年复一年，这种躲避怪兽伤害的方法传了下来。因为粮食条块是高氏所制，目的是为了喂"年"度关，于是人们就把"年"与"高"联在一起，称作年糕（谐音）了。大年初一吃年糕，就是取其"年年高"之意。

元宵汤圆

吃汤圆是中国人的传统习俗，在江南尤为盛行。汤圆起源于宋朝，最早叫"浮元子"，后称"元宵"，生意人还美其名曰"元宝"。汤圆以白糖、玫瑰、芝麻、豆沙、黄桂、核桃仁、果仁、枣泥等为馅，用糯米粉包成圆形，可荤可素，风味各异；吃法有汤煮、油炸、蒸食。汤圆象征合家团圆，吃汤圆寓意新的一年合家幸福、团团圆圆，所以是正月十五元宵节必备美食。

端午粽子

从晋朝开始，粽子成为端午的应节食品。晋代周处所编的《风土记》中记载："仲夏端午谓五月五日也，俗重此日也，与夏至同……先此二节一日，又以菰（gū）叶裹黏米，杂以粟，以淳浓灰汁煮之令熟。"因为附会在屈原的传说上，千百年来，粽子成为最受欢迎的端午节食。端午节的早晨，家家吃粽子纪念屈原，一般是前一天把粽子包好，夜间煮熟，早晨食用。粽子主要用生长在河塘边的嫩芦苇叶包裹，也有用竹叶的，统称粽叶。粽子的传统形状为三角形，一般根据内瓤命名，包糯米的叫米粽，米中掺小豆的叫小豆粽，掺红枣的叫枣粽。枣粽谐音为"早中"，所以吃枣粽的最多，意在读书的孩子吃了可早中状元。

> 中国故事

屈原与端午粽子

公元前278年,爱国诗人、楚国大夫屈原,面临亡国之痛,于农历五月初五,悲愤地怀抱大石投汨罗江自尽。为了不使鱼虾损伤他的躯体,人们纷纷用竹筒装米投入江中。以后,为了表示对屈原的崇敬和怀念,每到这一天,人们便用竹筒装米,投江祭奠,这就是我国最早的粽子——筒粽的由来。至于后来用艾叶或苇叶、荷叶包粽子的缘由,唐代徐坚所撰《初学记》中有这样的记载:汉代建武年间,长沙人晚间梦见一人,自称是三闾大夫(屈原的官名),对他说:"你们祭祀的东西,都被江中的蛟龙偷去了,以后可用艾叶包住,将五色丝线捆好,蛟龙最怕这两样东西。"于是,人们便以菰叶裹黍,做成角黍,世代相传。

中秋月饼

月饼,是久负盛名的汉族传统小吃,深受中国人民喜爱。月饼呈圆形,又是合家分吃,象征着团圆和睦,是中秋节的必食之品。据说中秋节吃月饼的习俗始于唐代,北宋时在宫廷流行,也流传到民间,当时月饼俗称"小饼"或"月团"。到明朝成为全民共同的饮食习俗。时至今日,月饼品种日益繁多,风味因地各异。其中广式、京式、滇式、苏式、潮式等月饼广为各地人们所喜食。

❹ 地方特色

南昌瓦罐汤

瓦罐汤，是极具民间传统特色又合乎现代人口味的美食。其采用民间传统煨汤方法，以瓦罐为器，精配食物与天然矿泉水，以硬质木炭火进行恒温六面加热七小时以上，煨制而成。瓦罐之妙在于土质陶器秉阴阳之性、含五行之功效，久煨之下原料鲜味及营养成分充分溶于汤中，其味鲜香淳浓，食后令人久而难忘。

中国故事

南昌瓦罐煨汤的传说

相传北宋嘉祐年间一洪州才子约友人郊游，至一美景处，命仆人就地烹鱼煮鸡烧肉，玩至夕阳西下，众人仍意犹未尽，相约明日再来。临走时，仆人将剩余的鸡鱼肉及佐料放入瓦罐，加满清泉，盖压封严，塞进未熄的灰炉中用土封存，仅留一孔通气。

次日，众人如期而至，仆人将灰炉中的瓦罐搬出，才开瓦盖，已是香飘四溢，细品，味道绝佳！此后，众人外出游玩均如法炮制，后被一掌柜得悉，引至饭庄，瓦罐煨汤自此扬名民间，成为赣菜一绝。曾有美食家赋诗赞曰："民间煨汤上千年，四海宾客常留连。千年奇鲜一罐收，品得此汤金不换。"《瓦罐煨汤记》中也曾记载"瓦罐香沸，四方飘逸，一罐煨尽，天下奇香"。

藜蒿炒腊肉

春风送暖之时，生活在水乡泽园的人们会结伴到湖畔采摘藜蒿。吃藜蒿要趁早，有歌谣为证："正月藜，二月蒿，三月四月作柴烧。"每年阳春三月，是盛产藜蒿的季节。藜蒿采摘的季节性较强，中医有"正月仙草，二月蒿"的说法，意思是正月间的藜

第一篇 | 发现生活之美

蒿采摘吃后,有祛湿、除毒功效。在《神农本草经》中,藜蒿被列为野蔬上品。

传说当年朱元璋在争夺天下时,战船被陈友谅围困在鄱阳湖区康山(今余干县境内)的草滩上,朱元璋因此十多天吃不上新鲜蔬菜,心情十分郁闷。一天,一伙夫采摘了一些嫩草茎炒腊肉,朱元璋胃口大开,精神振奋,一举挫败了敌军。朱元璋大喜,遂赐名此草为藜蒿。自此,藜蒿身价百倍,"藜蒿炒腊肉"也成为南昌的一道名菜,一直享有"登盘香脆嫩,风味冠春蔬"的美誉。

宜春土扎粉

宜春土扎粉,是米粉的一种,原料主要来自万载罗城乡,其生产可上溯至明代,可谓历史悠久。土扎粉的制作工序复杂,劳动强度大,出粉率比机榨扎粉略低,但香味好,有韧性,入口爽滑,深受消费者的喜爱,已经成为宜春小吃的一部分。那从滋滋的锅里冒出的香气,不知让多少漂泊异乡的游子千百次梦回乡里。

铜鼓包圆

铜鼓包圆,是江西宜春市铜鼓县的传统小吃,是当地客家人特有的食品。包圆形状各异,透亮松软,可口香甜,肥而不腻,软而不黏。铜鼓过年吃团圆饭时,包圆是必备的菜肴,而且是头道菜肴。

包圆做法与饺子相似,但馅心很讲究,由精制瘦肉、冬笋、香菇、鸡肉、莲子及各种调味品组成。外皮是由芋子去皮加红薯粉糅合发韧而成。经旺火蒸熟后,鲜香可口、甜味甘肥、软而不黏、晶莹松韧,

011

使人食而不忘,回味无穷。铜鼓包圆多为三角形,蕴含着客家人爱国爱乡的优良传统。三角形的"三角"分别代表铜鼓客家人根在中原、情系中原;来自闽粤赣、情系闽粤赣;扎根赣西北、情系赣西北这三种寓意。

2. 葡萄美酒夜光杯——与美食交相辉映的美器

《周易》云:"形而上者谓之道,形而下者谓之器。"如果说构成中国美食世界的各种难以言传的元素是道,那么承载它们的可见可触的食具就是器。在中国古代,人们对于食器的追求达到了极致。从古至今,有着各种各样精美的食器,它们的制作工艺代代相传、极其复杂,还有着常人不了解的文化内涵,体现出了中国人在饮食上的精致讲究和生活上的优雅情调。

中国特色

《红楼梦》中贾府的美器

《红楼梦》中贾府对食器十分考究,能在细微处彰显品位。譬如,袭人找的是"缠丝白玛瑙碟子",碧月捧出了"大荷叶式的翡翠盘子";群芳宴上摆出的是"白彩定窑"的碟子;栊翠庵品茶时,妙玉捧了一个海棠花式雕漆填金云龙献寿的小茶盘,里面放一个成窑五彩小盖盅。

贾府不仅讲究盛器,连筷子也有乌木三镶银箸、牙箸(象牙筷)、四楞象牙镶金筷、乌木镶银筷等。用餐的几、椅子也根据宴请的性质、对象不同,选择不同摆设的饮食用具、桌上装饰。如,宴请刘姥姥时,摆的是雕漆几;中秋宴上,贾母榻上设的是一个极轻巧的洋漆描金小几,每一席几上还摆上了小洋漆茶盘。

常言道:"红花须得绿叶衬。"杜甫在《丽人行》中的诗句"紫驼之峰出翠釜,水精之盘行素鳞",就吟咏了美食与美器的搭配,烘托出食美、器美的高雅境界。纵观古代美食与美器的发展史,我们会发现器皿在饮食发展中扮演着极为重要的角色,美食佳肴必须要精致的餐具烘托,才能达到完美的效果。

在中国传统饮食观中,讲究色、香、味俱全,这个色不仅是指食物本身的色,

还指盛放菜肴的器皿与菜肴之间的统一。有什么样的菜肴,就有什么样的食器与之相配,盛菜需要精美的盘子、喝茶需要上好的茶壶……例如,平底碟专盛爆炒菜,椭圆盘为整条鱼所用,深斗池为整鸡整鸭所用,等等。器皿与美食之间讲究和谐,如,器皿与菜式之间在色彩搭配、花纹图案、形态空间上的和谐;又如,宴席上餐具器皿的丰富及和谐,做到佳肴耀目,美器生辉。

所以,中国最著名的美食爱好者、清代著名诗人袁枚在《随园食单》中提及:"古语云:美食不如美器。"他还指出,菜肴出锅后,该用碗的就要用碗,该用盘的就要用盘,"煎炒宜盘,汤羹宜碗"、"参错其间,方觉生色"。这是对美食与美器关系的精炼总结。

> **相关链接**
>
> ### 充满中国智慧的筷子
>
> 中国的筷子十分讲究,"筷子"又称"箸"、"筯",远在商代就有用象牙制成的筷子。做筷子的材料多样,考究的有金筷、银筷、象牙筷,一般的有骨筷和竹筷。筷子的标准长度是七寸六分,代表人有七情六欲,以示与动物有本质的
> 不同。两根筷子常叫一双,含有太极和阴阳的理念。太极是一,阴阳是二;一就是二,二就是一;一中含二,合二为一。这是中国人的哲学,是一种通达和智慧。
>
> 中国人使用筷子,在人类文明史上是一项值得骄傲和推崇的科学发明。李政道论证中华民族是一个优秀种族时说:"中国人早在春秋战国时代就发明了筷子。如此简单的两根东西,却高妙绝伦地应用了物理学上的杠杆原理。筷子是人类手指的延伸,手指能做的事,它都能做,且不怕高热,不怕寒冻,真是高明极了。"
>
> 在长期的生活实践中,人们对使用筷子也形成了一些礼仪上的忌讳:一忌敲筷、二忌掷筷、三忌叉筷、四忌插筷、五忌挥筷、六忌舞筷。

古人推崇食美、器美的高雅境界，体现了他们对精致、优雅生活的追求。然而，在节奏越加快速和竞争愈发激烈的现代社会里，人们鲜有时间回归精致与优雅，为了方便快捷，很多人习惯使用劣质快餐盒、塑料袋盛装各种食物，却丝毫没有考虑这些化学"餐具"对身体的危害。

相关链接

不合格餐具的危害

在街头巷尾，随处可见一些卖各式小吃的摊点，有些摊主为图方便，往往直接用塑料袋盛装刚出锅的食品，或在餐具上套上一次性塑料袋。

一次性发泡塑料饭盒和塑料袋盛装食物严重影响我们的身体健康。当温度达到65°C时，一次性发泡塑料餐具中的有害物质将渗入食物之中，对人的肝脏、肾脏及中枢神经系统等造成损害。

超薄塑料袋几乎都来自废塑料的再利用，是由小企业或家庭作坊生产的。这些生产厂家所用原料是废弃塑料桶盆、一次性针筒等。生产时，首先用机械把原料粉碎成塑料粒子，再把塑料粒子放在一个水池里清洗（名曰消毒），取出晒干，然后用机械压成膜，制成各种塑料袋。不少人喜欢用塑料袋装饭菜，殊不知这种行为不仅污染环境，也危害自己的身体健康。

在科技高度发达的今天，人们的生活水平不断提高，品尝美食，享受生活，是人类的追求。可是，不知从何时起，路边摊食物已成为一部分人特别是众多年轻人挚爱的"美食"，这些食物的香味诱惑着他们频频光顾，以至于忽视了路边摊食物可能给身体带来的危害，忘记了卫生健康才是美食的应有之义。

第一篇 | 发现生活之美

相关链接

路边摊的隐患

路边摊未经卫生、工商行政管理部门批准，在马路边上经营，卫生状况毫无保障。摊主可能无健康证，各种食材、用具得不到彻底清洗和消毒，各种制作原料、调料等多为低劣产品。如醋可能用工业"冰醋酸"加色素、水兑成；辣椒用色素混上玉米粉叶等制作而成。总之，各种路边摊小吃的"不法勾当"，让人触目惊心！

例如，烤串是很受欢迎的路边美食，经过烧烤的肉，香味扑鼻而且非常可口。但是地摊羊肉串却"暗藏杀机"，一些黑心老板为节约成本，以很低的价格买回病死猫肉或者鸭肉，放在盛有羊尿的盆里浸泡几个小时后，再用嫩肉粉、各种调料腌制二三十分钟，然后切片用竹签串起，加点羊油，上烤炉时再在调料里加上"羊肉香精"。经过如此"精工细做"与高温熏烤，就成了正儿八经的山寨"羊肉串"。

食物是人类生存的保障，但中华民族在饮食方面的追求不仅仅是满足口腹之欲，无论是钟鸣鼎食还是粗茶淡饭，都体现着中国传统中特有的饮食文化。

中国特色

中华饮食文化的深刻内涵

中华饮食文化就其深层内涵来讲，可以概括为四个字：精、美、情、礼。这四个字，反映了饮食活动过程中饮食品质、审美体验、情感活动、社会功能等所包含的独特文化意蕴，也反映了饮食文化与中华优秀传统文化的密切联系。

精，是对中华饮食文化内在品质的概括。孔子提出"食不厌精，脍不厌细"的饮食要求，反映了先民对于饮食的精品意识。这种精品意识作为一种文化精神，越来越广泛、深入地渗透到整个饮食活动过程中。选料、配料、烹调乃至饮食环境，都体现着一个"精"字。

美，体现了饮食文化的审美特征。中华饮食之所以能够征服世界，重要原因之一，就在于美。这种美，是指中国饮食活动形式与内容的完美统一，是指它给人们所带来的审美愉悦和精神享受。美作为饮食文化的基本内涵，是中华饮食的魅力之所在，贯穿在饮食活动过程的每一个环节。

情，是对中华饮食文化社会心理功能的概括。吃吃喝喝，不能简单视之，它实际上是人与人之间情感交流的媒介，是一种别开生面的社交活动。朋友离合，送往迎来，人们都习惯于在饭桌上表达惜别或欢迎的心情，也往往借酒菜平息感情上的风波。

礼，就是指饮食活动的礼仪性。中国饮食讲究礼，这与我们的传统文化有很大关系。生老病死、送往迎来、祭神敬祖都是礼。《礼记·礼运》云："夫礼之初，始诸饮食。"《仪礼》《周礼》《礼记》等"三礼"中几乎没有一页不提到祭祀中的酒和食物。"礼"指一种秩序和规范。座席方向、箸匙排列、上菜次序……都体现着"礼"。

精、美、情、礼，分别从不同的角度概括了中华饮食文化的基本内涵，它们不是孤立的存在，而是相互依存、互为因果的。唯其"精"，才能有完整的"美"；唯其"美"，才能激发"情"；唯有"情"，才能有合乎时代风尚的"礼"。四者环环相生、完美统一，便形成中华饮食文化的最高境界。

（二）尚尊敬长的餐饮礼仪

餐饮礼仪是人们在饮食活动中应当遵循的社会规范。在长期的社会实践中，中华民族形成了一系列规范化的饮食礼仪，作为社会成员在餐饮礼俗中的行为准则。

1. 古代餐饮礼仪

任何民族都有自己富有特点的饮食礼俗，发达程度也各不相同。中国人的饮食

礼仪比较发达，也比较完备，有从上到下、一以贯之的特点。根据文献记载可以得知，迟至周代时，饮食礼仪已形成了一套相当完善的制度。

中国自古以来就是"礼仪之邦"、"食礼之国"。懂礼、习礼、守礼、重礼的历史，源远流长。孔子曾对食礼加以规范，将其拓展成人与人之间的伦理关系，"以礼定分"，消患除灾。他的学生们还对先师的理论加以阐述、充实，最后形成《周礼》《仪礼》《礼记》三部经典著作。由于强调"人无礼则不生、事无礼则不成、国无礼则不宁"，食礼与其他的礼一样，成为古代社会的道德规范，成为中华民族优秀的文化传统之一。

❶ 宴饮之礼——尚尊

汉族传统的古代宴饮礼仪，一般的程序是，主人折柬相邀，到期在门外相迎；客人来了，要表达问候，请入客厅小坐，敬以茶点；客人入席，以左为上，是为首席。席中座次，以左为首座，相对者为二座，首座之下为三座，二座之下为四座。客人坐定，由主人敬酒让菜，客人以礼相谢。宴会结束，再请客人进客厅小坐，上茶，直至辞别。席间斟酒上菜，也有一定的规程：上菜先冷后热，热菜应从主宾对面席位的左侧上；上单份菜或点心小吃时，先宾后主；上全鸡、全鸭、全鱼等整形菜时，不能把头尾朝向正主位。

中国礼仪

斟酒碰杯的礼仪

饮酒，是中华民族一大喜好。喝酒有许多礼节、习俗。例如斟酒，人们在为客人斟酒时，常说"满上满上"。这个"满"不能理解为得溢出来，而是指满杯中的八成。

作为主人，要首先为客人斟酒。酒瓶要当场打开，酒杯大小要一致。如在座有长辈或远

017

道来的客人，要先给他们斟酒。如没有这种情况，可按顺时针方向，依次斟酒，斟满。作为客人，当主人为自己斟酒时，要起身或俯身，以手扶杯或欲扶状，以示恭敬。

还有一种"叩指礼"，就是主人在给客人斟酒时，客人要把拇指、食指、中指捏在一块，轻轻在桌上叩几下，表示感谢主人的斟酒。

席上饮酒讲究碰杯，要碰杯就必须把杯中的酒喝干，一口气喝下去，还要倒过来让旁人看自己的杯子。

② 待客之礼——敬长

主人安排筵席时，菜肴的位置要按规定摆放，带骨肉要放在净肉左边，饭食放在用餐者左方，肉羹则放在右方；脍炙等肉食放在稍外处，调味品则放在靠近面前的位置；酒浆也要放在近旁，葱末之类可放远一点；如有肉脯之类，还要注意摆放的方向，左右不能颠倒。

待客宴饮，并不是将酒肴按序摆满就完事，主人还要引导、陪伴客人，主客必须共餐。尤其在宴请长辈时，要先将几案擦拭干净，然后双手捧食器放在几案上，食器一定要洁净。老幼尊卑共席时，要让尊长坐上席，看到尊长爱吃且想多吃的菜肴，

要移近尊长面前；如果同席的尊长未动筷子，陪客不能抢先动；看到尊长快要吃饱，陪客不论吃饱与否，都不可再吃；等尊长放下碗筷，陪客也要停止进食。

由于食礼属于古代社会的道德规范内容，所以古代的许多家庭都少不了以食礼作为家训，教导子孙谨守。

敬茶的礼仪

在我国，饮茶不仅是一种生活习惯，也是源远流长的文化传统。中国人习惯以茶待客，并形成了相应的饮茶礼仪。比如，请客人喝茶，要将茶杯放在托盘上端出，并用双手奉上。茶杯应放在客人右手的前方。在边谈边饮时，要及时给客人续水。客人则需善"品"，小口啜饮，满口生香，而不是作牛饮。

❸ 进食之礼——贵严

"严"指在餐桌上要严格遵守餐饮礼仪。如同别人一起进食时，不能吃得过饱，要注意谦让；吃饭时不可抟（tuán，把东西揉成球形）饭，大口大口地吃，这样有争饱嫌疑；咀嚼时不要让舌头在口中发出响声，否则主人会觉得客人是对他的饭菜不满意；吃菜时不要啃骨头，这样容易发出不中听的声响，使人有不雅不敬的感觉；自己吃过的鱼肉，不要再放回去，应当接着吃完；更不要喜欢吃某一味菜肴便独取那一味，或者争着去吃，这样有贪吃之嫌；进食时不要随意不加掩饰地大剔牙齿等。

当代的中国人多少都继承了传统食礼。我们的不少餐桌礼仪，都植根于《礼记》，植根于古老的饮食传统。

尚尊、敬长、贵严，不仅仅是在古代餐饮中要注意的礼仪，在现代餐饮礼仪中同样重要。餐桌上讲究礼仪的人，必能给他人留下好的印象。

2. 现代餐饮礼仪

❶ 入座礼仪

主人先请客人入座上席，再请长者入座客人旁，长者坐定后，大家依次入座。客人入座时，要从椅子左边进入，坐下以后要端正身子，不要低头，使餐桌与身体的距离保持在10至20厘米。入座后不要动筷子，更不要弄出声响，也不要起身走动，如果有事情，要和主人打招呼再行事。用餐前，要向主人或掌勺者有所表示，如赞赏其手艺高超、安排周到、热情邀请等。

相关链接

餐桌座次小知识

在中国的饮食礼仪中，座次非常重要。主座是指距离门口最远的正中央位置，是邀请人的座位。主座的对面坐的是邀请人的助理，主宾和副主宾分别坐在邀请人的右侧和左侧，位居第三位、第四位的客人分别坐在助理的右侧和左侧。让邀请人和客人面对而坐，或让客人坐在主座上都算失礼。

❷ 进餐礼仪

客人入席后，不要立即动手取食，而应待主人举杯示意开始时，客人才能开始，不能喧宾夺主。用餐要注意文明礼貌。夹菜时，应等菜肴转到面前，再动筷子，一次夹菜不宜过多；夹菜后，细嚼慢咽；就餐时不要挑食，或只盯住喜欢的菜吃，或是急忙把喜欢的菜堆在自己的盘子里；用餐的动作要文雅，夹菜时不要碰到邻座，不把盘里的菜拨到桌上，不把汤泼翻；骨头和鱼刺不要吐在桌上，可用餐巾掩口，用筷子取出放在碟子里；掉在桌上的菜，不要再吃；进餐过程中不要玩弄碗筷，或用筷子指向别人；用牙签剔牙时，应用手或餐巾掩住嘴；尽量不让餐具发出声响，或发出不必要的声音，如喝汤时"咕噜咕噜"，吃菜时"叭叭"作响。用餐结束后，可用餐巾纸或服务员送来的小毛巾擦擦嘴。

相关链接

告别"舌尖上的浪费"

餐桌上杯盘狼藉，满桌剩饭剩菜，很多人已经对中国式"剩宴"司空见惯。不论是高校食堂还是各类餐馆、饭店，每天产生的餐厨垃圾中不乏好的食物，餐饮浪费令人咋舌。有数据显示，中国每年浪费食物总量折合粮食约500亿公斤，接近全国粮食总产量的十分之一。即使按保守推算，每年最少倒掉约2亿人一年的食物。这些触目惊心的数字发人深省。

"舌尖上的中国"呈现美味，而"舌尖上的浪费"让人品出的只有苦涩，直抵国人内心。尤其当看到这样的画面对比，更让人感觉不是滋味：一边是珍馐美味等着被倒进垃圾桶，另一边却是甘肃农民坐在自家厨房里展示冰冷的"馍馍"——那是他一星期的口粮；一边是没动过筷子的盘中大鱼，另一边却是普通百姓"这条鱼顶我一个月工资"的慨叹。

铺张浪费源于奢靡之风，有其滋生的土壤。作为礼仪之邦，国人对迎来送往的待客之道尤为重视，重视排场、讲究面子等观念仍大有市场。就拿请客吃饭来说，似乎一定得"奢华高档，才够诚意；多点些菜，才够热情；吃饱还剩，才够阔气"。由此，铺张浪费之风在全社会蔓延，甚至成为一种习惯。

我们不得不正视"两个中国"：一个是跨越发展、百姓生活越来越富足的中国，一个是依然有较多困难群众的中国；一个是克勤克俭奋斗前行的中国，一个是惰性滋长耽于享乐的中国。奢还是俭，决定着进还是退，实现全面小康、圆"中国梦"，都离不开艰苦奋斗的优良传统。

北京大学社会学系副教授于长江认为，奢华浪费的吃饭方式源于不少人讲面子、讲排场的陋习。他说："倡导文明、理性就餐的生活方式，消除中国人'面子'隐忧，杜绝中国式'剩宴'，减少浪费，需要移风易俗"，"要引导社会形成这样一种舆论，大吃大喝的招待方式是落后、愚昧的方式。简单节俭的吃饭方式与低碳生活、环保理念一样，符合国际观念，是时代潮流"。

 中国经典

一粥一饭，当思来之不易；
半丝半缕，恒念物力维艰。
——清·朱柏庐《朱子家训》
历览前贤国与家，成由勤俭败由奢。
——唐·李商隐《咏史》

按中华民族的习俗，菜是一个一个往上端的，如果同桌有长辈或客人，每上一个新菜时，得请他们先动筷子；若要给长辈或客人布菜，最好用公筷，也可以把离长辈或客人远的菜肴送到他们面前，以表示对他们的尊敬和重视。

自己手上有餐具，或者别人正在用餐时，都不能向别人敬酒；别人为你倒酒时，应用手扶着酒杯。敬酒一定要站起来，双手举杯，右手握杯，左手垫杯底，记着自己的杯子永远低于别人。可以多人敬一人，决不可一人敬多人，除非是长辈。如果没有特殊人物在场，敬酒最好按顺时针顺序，不要厚此薄彼；酒桌上敬酒的一般顺序是主人敬主宾、陪客敬主宾、主宾回敬、陪客互敬。作为客人绝不能喧宾夺主地敬酒，

那是不礼貌的行为。

进餐时,不要只低着头吃饭,不顾周围,也不要狼吞虎咽地大吃一顿,更勿贪杯。

相关链接

餐桌低头族

市民张先生与弟弟妹妹中秋后相约去爷爷家吃晚饭,饭桌上,老人多次想和孙子孙女说说话、聊聊近况,但孩子们却全都凑在一起玩手机,对老人的提问毫不在意。老人受到冷落后,一怒之下摔了盘子愤而离席,原本其乐融

融的家庭聚会,就这样扫兴结尾。老人的孙子说:"现在想想挺后悔的,爷爷奶奶一直盼着我们去吃顿饭,没想到会弄成这样。"

许多人有类似经历,和亲友吃饭聚会时,总有一些人默默坐在角落里,所有注意力都集中在手机、平板电脑上,对聚会内容漠不关心,仿佛与他人生活在不同空间里。这就是传说中的"低头族",英文称之为"Phubbing",由 phone(手机)与 snub(冷落)组合而成,形容因专注手机而冷落周围人的一类人。

"世界上最遥远的距离不是生与死,而是我就站在你面前,你却在玩手机。"这句话在网络流传甚广,看似俏皮,却凸显出一种现象:智能数字产品正逐步侵占人们的生活,这种现象在年轻人身上体现得尤为明显。对绝大多数"低头族"而言,也许冷落他人并非本意,但这样的无心之举却给身边的亲人朋友带来极大的伤害。如果发展到各个场合都只关注手机,不但会使人际关系退化,还容易引发情感危机。

心香一瓣

亲爱的同学们,你被手机控制了吗?能否在吃饭、聚会时放下手机呢?网络终是虚幻,现实才是美好,请戒掉对手机的过分依赖,用心、用爱、用诚意去陪伴家人和朋友吧!

❸ 餐后礼仪

一个有礼貌的人，在用完餐后，应有礼貌地离座，并帮助主人做些力所能及的收拾工作。用餐结束后，要轻轻放下碗筷，用餐纸或餐巾擦嘴，注意动作的优雅。如果自己先吃完，要与主人或其他客人打个招呼，再离开座位。如说"大家慢用"或"大家请慢慢吃"等。若一推饭碗，什么话也不说，离桌而去，这是不礼貌的行为。总之，与客人、长辈等众人一起进餐时，要使他们感到轻松、愉快，气氛和谐。

台湾作家林清玄在一篇有关食物的文章中说道："人总是选着自己的喜好，这喜好往往与自己的性格和本质十分接近，所以从一个人的食物可以看出他的人格。"其实，不仅是吃的内容，吃的态度即餐桌上的行为，也可以看出一个人的人格，这种人格就是教养。

3. 少数民族餐饮礼仪

❶ 彝族饮食礼仪

彝族人用餐时讲究男女有别、长幼有序，长辈坐上席，客人坐上席或上方，晚辈只能坐下方的座位；招待客人时，好酒好菜都先敬客人或长辈。

吃饭时，大家围坐成一圈，一簸箕饭、一大盘坨坨肉、一大盆汤菜放在中间。每个人用右手握马勺，左手拿肉，并按汤、饭、肉朝着自己方向的边沿依次动手，以"先汤后饭再肉"的方式用餐。客人吃饭时应注意的是，切勿将饭菜汤乱撒在地上，食肉时需丢弃的骨头千万不能往他人面前丢，这是主人或用餐者特别忌讳的。长者或主客未放下马勺或未离席前，晚辈要静坐等候；子女离席时，须向父母行礼致谢；饭毕，主客还需聊会儿天。彝族人招待客人有"先宾后主再邻居"的风俗，所以，到彝族人家作客，应等主人吃完饭后方能离开。

相关链接

南涧彝族的"跳菜"礼仪

"跳菜"雅称"奉盘舞",俗称"抬菜舞",是云南大理南涧彝族在宴请宾客的重大活动中,由引菜人和抬菜人从厨房到餐桌合着音乐的节拍,用手抬、臂托、口衔、头顶各式菜肴,跳着彝族特有的舞步,诙谐幽默地按"棋子"的布局摆菜的一种上菜礼仪。"跳菜"与一般上菜最大的不同在于:它是舞蹈与饮食合二为一的典型,体现了艺术性与实用性的高度统一。在"跳菜"过程中,所有与饮食相关的物品和活动都被象征化,如跳的舞姿象征南涧彝族乐观豁达的民族心理;丰富的菜品意指南涧彝族对幸福生活的期盼。穿的服装、用的餐具、摆的菜形等都各有象征。这些象征符号不仅构成了一个相对完整的象征符号系统,而且通过抬菜人和引菜人舞动的身体传递出南涧彝族文化的意蕴。

❷ 藏族饮食礼仪

藏族的饮食礼仪深刻地反映着藏族的伦理精神。平时,家人和邻里和睦相处,尊老爱幼,诚信待人。家中酿了好酒,头道酒"羌批"敬献神灵后,首先由老人品尝。每年收割新粮食,尝新也是老人们的"专利"。日常家庭就餐,由主妇掌勺分发食物时,首先为长者盛好食物,然后全家围聚火塘旁进餐,其乐融融。藏族人十分好客,待客热情周到,若有宾朋登门,定会倾其所有,拿出好酒好茶好菜盛情款待。

> **相关链接**
>
> ### 藏族以歌敬酒
>
> 　　藏族人聚会饮酒时，歌是必不可少的。向他人敬酒时，敬酒人一般要唱酒歌。若不唱，被敬者可以拒绝饮用。敬酒人献上酒，被敬者接过酒杯，即可要求敬酒人唱酒歌。有时敬酒者斟满杯中酒，走到宾客前即开始唱酒歌，唱到一半时，再将酒杯敬上，唱完酒歌再履行弹酒仪式及饮酒。
>
> 　　藏族酒歌曲调悠扬，优美动听，内容多为祝福、赞美之辞。敬酒人有时边唱边舞，声情并茂，也有即兴演唱的，诙谐幽默。
>
>
>
> 　　"要么就请喝酒，要么就请唱歌。饮酒唱歌之间，任你挑选一个，请听吧，文成公主，请喝吧，伦波噶瓦。"要么饮酒，要么唱歌，二者必居其一。酒歌还唱出了最受藏族人敬爱的文成公主和名臣噶尔·东赞域松，不善饮酒者也定会举杯豪饮。
>
> 　　"我们在此相聚，祈愿永不分离。祝福聚会的人们，永远无灾无疾。"这是一首流传很广的酒歌，在西藏各地都能听到。酒歌歌词简朴却饱含深情，表现了人们对欢聚的祈盼与珍视，表达了人们对无病无灾美好生活的向往与祝福。

　　饮食礼仪是人们在饮食活动中应当遵循的社会规范，是饮膳宴筵方面的社会规范与典章制度，是餐饮活动中的文明教养与交际准则，是赴宴人和东道主的仪表、风度、神态、气质的生动体现。

升华·体验

1. 了解自己家乡的宴饮礼仪习俗，并制作成PPT，与同学分享。
2. 观看纪录片《舌尖上的中国》，并以视频介绍一道家乡美食。

中国形象

穿出中国范儿

2014年3月,中国国家主席习近平出访荷兰,他身穿在传统中山装基础上改良的简洁版立领中山装,领、襟、袖口有刺绣的祥云图案暗纹,上衣口袋搭配黑底白色花纹手帕,稳重而不失生动,中国风十足却又融合西方元素,衬托出大方、沉稳的气质。随行的夫人彭丽媛则一身古今搭配,身穿宋明时期风格、饰以凤凰百花纹样的黑色对襟罩衫,内配清朝风格豆绿色长裙,长裙上隐约现出有吉祥寓意的传统图纹。长裙面料飘逸,中国特色十足,尽显中国风范。

自古以来,服饰一直是体现国家民族风格文化的重要方面。中华民族是礼仪之邦,尤重服饰,"衣、食、住、行",以衣为首。历经几千年流变,服饰文化可谓博大精深。从汉服、唐装到旗袍、中山装,经典的中华服饰成为世界上一道靓丽的风景。民族服饰,于个人,是身份的标签和文化认同感的载体;于国家,是形象的展示与礼仪的体现。服饰是社会的一面镜子。魏晋风流,士人爱穿宽袍敞襟,以显自由不羁;大唐盛世,开放自信,服饰因之雍容华贵;在国家崛起之今日,习主席夫妇的服装在展现中国与国际接轨的同时,演绎东方特色,彰显中国范儿。

二、云想衣裳花想容——服饰的美丽

（一）多元多彩的唯美服饰

服饰是社会文化的符号，是人类文明和审美思想的指向标，反映着不同历史时期的社会风貌、思想文化和传统理念。服饰作为一个民族演进和发展的重要载体之一，既是劳动人民智慧的体现，也是人类物质文明和精神文明的一面镜子，承载着一个历史时期的文化心态、宗教观念、审美艺术和生活习俗等。

从"黄帝垂衣裳而天下治"的历史记载中可以看到，中国古代服饰有着悠久的历史，不同的民族形成了不同的服饰文化。

> **相关链接**
>
> ### 《孔雀东南飞》片段
>
> 鸡鸣外欲曙，新妇起严妆。著我绣夹裙，事事四五通。足下蹑丝履，头上玳瑁光。腰若流纨素，耳著明月珰。指如削葱根，口如含朱丹。纤纤作细步，精妙世无双。
>
> ——汉乐府诗
>
>
>
> 鸡叫了，天就要亮了，刘兰芝起床打扮得整整齐齐。穿上绣花夹裙，每穿戴一件衣饰，都要更换好几遍。脚下穿着丝鞋，头上插戴着闪闪发光的玳瑁首饰，腰上束着白绢子，光彩像水波一样流动，耳朵戴着用明月珠做的耳坠。手指纤细白嫩像削尖的葱根，嘴唇红润，像含着朱砂，轻盈地踏着细步，精巧美丽，真是世上没有第二个。

通过这段文字的描述，一个身着华美服饰的美丽女子跃然纸上，她带给人们无限的想象空间。

1. 华夏衣冠——汉服

华夏由来

中国又称"华夏",这一名称的由来与汉服有关。《尚书正义》注:"冕服华章曰华,大国曰夏。"《春秋左传正义·定公十年》疏:"中国有礼仪之大,故称夏;有服章之美,谓之华。"中国自古就被称为"衣冠上国、礼仪之邦","衣冠"便成了文明的代名词。如五胡入中原之时,原先在中原地区的民众纷纷逃亡到南方,保留了中原文明的火种,逐渐把江南开发成繁华富庶之地,这一事件史称"衣冠南渡"。

汉服,全称"汉民族传统服饰",又称汉衣冠、汉装、华服,"始于黄帝,备于尧舜",源自黄帝制冕服,定型于周代,并通过汉代依据四书五经形成完备的冠服体系。汉服是中国"衣冠上国"、"礼仪之邦"、"锦绣中华"的体现,承载了汉族的染织绣等杰出工艺和美学,传承了30多项中国非物质文化遗产以及受保护的中国工艺美术。汉服还影响了整个汉文化圈,亚洲部分国家如日本、朝鲜、越南、蒙古、不丹等的服饰均具有汉服特征。

汉族服饰几千年来的总体风格是以清淡平易为主,讲究天人合一。汉族古代的袍服最能体现这一风格,这种袍服的主要特点是宽袍、大袖,线条柔美流畅,从汉代的帛画和魏晋隋唐遗留下的一些人物画中可窥其神貌之一二,穿着宽大随和,有包容四海的气度。袍服充分体现了汉民族柔静安逸、娴雅超脱、泰然自若的民族性格,以及平淡自然、含蓄委婉、典雅清新的审美情趣。

以最典型的深衣为例,其形制必须符合"规、矩、绳、权、衡"。深衣的下摆使用布帛12幅,为一年有12月之意,体现了强烈的法天思想,衣袖呈圆弧状,交领处成矩形，这代表做人要有规矩，无规矩不成方圆。衣带下垂很长，一直到脚踝，代表正直，下襟与地面齐平，代表权衡。汉服包含很多儒家思想，当人穿上汉服，自然就会注意自己的言行举止。由此可见，汉服里蕴含着丰富的文化内涵，"儒、道、墨、法"等哲学思想、伦理道德的影响渗透在服饰里，塑造了"汉服"天人合一、飘逸洒脱的风格。

汉服·齐胸襦

到唐代，女性以襦裙为主要服式。襦裙指的是唐代女子上身穿着短襦或衫，下身着长裙，加半臂，以披帛绕于肩上做装饰的封建社会女子传统服装。由于唐代统治者开明开放的政策令八方来朝，襦裙在保留了汉服原有神韵的形式下，不断吸取外来服饰的精华，形成了服装史上最经典动人的装束。其独特之处在于上襦短而小，下裙肥且长，裙系高腰至胸部，甚至系在腋下，系扎丝带，颈部与胸部的肌肤露在外，给人以优雅、修长、飘逸之感。

相关链接

回鹘衣装回鹘马

初唐到盛唐间，北方游牧民族特别是回鹘（hú）人与中原交往甚多，对唐代服饰影响极大。随胡人而来的胡服文化令唐代妇女耳目一新。于是，一阵胡服热席卷大唐，其饰品也最具异邦色彩。

从唐代仕女图和文物考古出土的穿着胡服的唐人俑与胡人俑，都可看出唐代女子喜欢胡服，如唐代诗人元稹诗曰"女为胡妇学胡妆，伎进胡音务胡乐……胡音胡骑与胡妆，五十年来竞纷泊"，无不真实记载了这一服饰习俗。

总之，古代汉族的服饰受中庸之道的影响很深。孔子认为，服饰既不宜过于突出，也不宜过于简陋，要适中才符合礼仪。汉服讲求一种包藏又不局限人体的若即若离的含蓄美，于恬淡之中给人一种平和内敛之感。如汉代女服就以曲裾深衣为尚。深衣的衣身曳地，行不露足，既符合儒家的礼制又典雅端庄；衣袖有宽窄之分并多有镶边，衣领较低以便露出里衣的领子，有的可以露出三层衣领，也称为"三重衣"，富于层次感和含蓄美。

2. 旗人之袍——旗袍

中国故事

旗袍的起源

旗袍，最初即"旗人之袍"。说起它的来历，有这么一个具有传奇色彩的传说：清军入关，满人一统天下，旗人的服饰传入中原。一个叫黑妞的满族渔女，皮肤虽黑但很有光泽，人长得很俊俏，身材又好，被誉为"黑里俏"。她为了方便打鱼，就把原本的大套"一统江山"裙，剪裁成窄小的扣裙便装。后来，黑妞被选入皇宫，封为"黑娘娘"。旗袍由此流传开来。

最早的清代满族女子的旗袍，有单、夹、衬绒和丝棉袍之分。其特点是腰身宽松、平直，袖口宽大，衣长至脚踝。到清代后期，"元宝领"普遍流行，领高盖住脸腮、碰到耳，袍身多绣以各色花纹，领、袖、襟、裾都有多重宽阔的绲边。到了咸丰、同治年间，镶绲达到高峰，甚至有的衣服整件全用花边镶绲，以至难以辨识原本衣料，旗女袍服的装饰之繁琐，几至登峰造极的境地。

辛亥革命废除帝制，创立民国。民国之初，剪辫发，易服色，人们把传统苛刻的礼教与风化观念丢在一边，解除了服制上等级森严的种种桎梏，这一切为新式旗袍的诞生创造了条件。加上西洋文化的影响，旗袍一扫清朝矫饰之风，趋向于简洁，色调力求淡雅，注重体现自然之美。新式旗袍盛行于二十世纪三四十年代，从发源地上海风靡至全国各地。近代中国的两位第一夫人——宋庆龄和宋美龄，她们在一些重要场合，都是身穿旗袍，不仅体现出东方女性的美丽，更将旗袍升华成了中国的国服。

中国形象

宋美龄演绎的完美"旗袍主义"

宋美龄自幼留学美国，所以生活方式也非常洋派，回国后还一直保持西式饮食习惯，牛排、色拉、面包等美味都是她每日必备食品。但这位蒋夫人对于自己的穿着却是十足的中国风范，在她的衣柜里，全是清一色的旗袍。

宋美龄喜欢旗袍的原因在于旗袍最能凸显东方女性的魅力，此外，也与她热爱中国传统文化有关。她爱国画，曾拜张大千、黄宾虹等泰斗为师，耳濡目染加上勤学苦练，居然成为一位国画高手，她所作国画中仕女的穿着都接近于旗袍。

宋美龄的旗袍特别多，以便频繁更换。夏天，只要她的旗袍上出现一点汗渍，她就会立即更换新的；每逢下雨天，旗袍下摆若出现一点泥污，她也必定会尽快换掉。宋美龄经常携带便于四季更换的旗袍，以应酬各种活动和场合。当她出席集会、宴会或舞会时，会精选最合时宜的旗袍，而需会晤重要贵宾时，则会穿上最高档的旗袍。

旗袍作为中国女性的传统服装，它来源于沧桑变幻的往昔，可欣赏度高，极富收藏价值。现代旗袍仍保持了传统韵味，同时又能体现时尚之美。油纸伞、香扇是旗袍的重要配饰，女子身穿古典旗袍，一手执香扇、一手撑油纸伞，款款的步伐，雅致的身影，古典的气韵，是东方古典美的化身。旗袍不能脱离人体而孤立存在。女性的头、颈、肩、臂、胸、腰、臀、腿以及手足，构成众多曲线巧妙结合的完美整体，形成旗袍文化。京派与海派旗袍，代表着艺术、文化上的两种风格。海派风格以吸收西艺为特点，标新且灵活多样，商业气息浓厚；京派风格则带有官派作风，显得矜持凝练。

旗袍追随着时代，承载着文明，以其流动的韵律、潇洒的画意与浓郁的诗情，展现出中华女性贤淑、典雅、含蓄、温柔、清丽的性情与气质，体现了中国文化的中庸之道，符合中国传统的审美文化。旗袍连接起过去和未来，连接起生活与艺术，将美的风韵洒满人间。近年来，时装中重新出现的旗袍，在国际时装舞台频频亮相，风姿绰约、尤胜当年，并被作为一种具有民族代表意义的正式礼服出现在各种国际社交礼仪场合。

女性穿上一身合体的旗袍，显得端庄、大度、仪态万方，本身就是一种崇高的礼仪。今天，中国人在对旗袍本身进行改良的同时，也对礼仪实现了传承。

相关链接

旗袍的美与诗词的境

印象中的旗袍总是出现在江南的三月，那江南的女子，穿了丝绸的旗袍，撑着一把油纸伞，行走在白墙青石的小巷。雨，丝丝细细地飘散着，朦胧中萦绕而来的是清香的紫丁……

又若是在宁静的午后，微风拂过，院中满是纷飞的桃花，那穿了旗袍的女子，袅袅地从院中亭子里碎步到书房，打开线装的唐诗宋词……

中国自古以来就是一个多民族国家。不同的自然环境和生产生活方式，决定了南北方少数民族的服饰风格各有特点。

3. 五彩斑斓——少数民族服饰

❶ 蒙古族服饰

蒙古族服饰以袍服为主，便于鞍马骑乘，具有浓郁的草原民族特色。蒙古袍，主要包括长袍、腰带、靴子、首饰等。蒙古人平时喜欢穿布料衣服，逢年过节或喜庆日一般都穿织锦镶边的绸缎衣服。蒙古服饰像草原上的鲜花，顺应北方气候，扎根于温馨的土地。男装倾向于浑然大气，女装呈现为

精致美丽，加上五彩缤纷的佩饰。蒙古族服饰总体上表现为自由大方而不缺细琢精雕的沉稳风格。

❷ 藏族服饰

藏族服装的特点是长袖、宽腰、大襟。妇女冬穿长袖长袍，夏着无袖长袍，内穿各种颜色与花纹的衬衣，腰前系一块彩色花纹的围裙。藏装直线宽边，色彩对比强烈。里面多衬有红、绿等色彩鲜艳的衬衣，翻领在外，衣袖要长于胳膊一至两倍，长出部分，平时卷起，舞蹈时放下，舒展飘逸，潇洒自如。

中国风尚

藏族成年礼中的服饰文化

藏族女子从成年的那一天起，就要缠绕藏青色的圆形"包头"，头发要编成辫子藏于其中不能外露。藏族女子从戴上包头的那天起，包头就一直伴随着自己，直到生命的终结。所以，即使现在很多人平时生活里不再穿着本族的传统服装，但包头却还是保留着，这一点在年长者身上特别明显。"包头"作为一个藏族人的标志，是一种具有神圣象征意味的饰物。

藏族成年礼中的穿戴仪式，是成年礼的重要环节，服饰作为本族文化的重要载体之一，其穿戴过程，成为青年对本族文化学习的过程。对藏族人来说，第一次穿戴本民族的传统服装，就是在成年礼上。一般由长辈为晚辈穿戴，一边介绍服饰图案的寓意，一边教授穿戴的方法。如，长辈为其挂上青蛙图案的坠饰，会说："青蛙是我们的神，他给了我们天，还给了我们地……他会保佑你，平平安安……"这是藏族创世神话《青蛙造天地》的内容，长辈用通俗的语言，讲述着这个古老的传说。又如，长辈指着用天蓝色布、黑布和彩色花边一圈一圈拼接而成的衣袖，告诉晚辈："这是我们祖祖辈辈耕种的田，靠着它，才能填饱肚

子，年轻人不能懒惰，要手脚勤快。"农耕的场景被形象地运用到服饰中，成为藏族服饰的一部分。

③ 彝族服饰

彝族人民创造了绚丽多姿的服饰，保持着强烈的民族文化传统和特色，形成了独立的民族服饰文化体系。彝族服饰，多姿多彩，风格独具，并且以大量银制品和刺绣装饰。它完整地凝聚着彝族人民千百年来形成的美学、宗教、政治、哲学及习俗等方面的传统观念，蕴含着彝族人民在文化结构深层的心理积淀。彝族服饰作为民族文化的一种符号载体，内涵丰富，在没有文字记载的情况下，其形制与图案记述着彝族古老的神话、传说和史实。

④ 苗族服饰

苗族服饰，苗语叫"呕欠"，主要由童装、便装、盛装组成，是较为华丽的民族服饰，是中华文化中的一朵奇葩。苗族服饰保持着中国民间的织、绣、挑、染的传统工艺技法，往往在运用一种主要的工艺手法的同时，穿插使用其他的工艺手法，或挑中带绣，或染中带绣，或织绣结合，从而使服饰花团锦簇，流光溢彩，显示出鲜明的民族艺术特色。

中国故事

蝴蝶妈妈

苗族人世代口口相传的诗体神话《苗族古歌》中，蝴蝶妈妈是他们共同的祖先。苗族民众视蝴蝶妈妈为人之始祖，苗语称为"妹榜妹留"。《妹榜妹留》（即《蝶母歌》）是祀祖歌，十三年一次祭祖之年，由巫师在端肃的祭祖仪式上唱颂。苗族年轻姑娘衣襟上的蝴蝶图案和蝴蝶扣等蝴蝶神话文化实体，体现了"祈蝴蝶妈妈庇佑"的心态。

❺ 傣族服饰

傣族服饰淡雅美观，既讲究实用，又有很强的装饰意味，颇能体现出热爱生活、崇尚中和之美的民族个性。各地男子的服饰差别不大，一般常穿无领对襟或大襟小袖短衫，下着长管裤，以白布、水红布或蓝布包头。傣族妇女的服饰，因地区而异。各种傣族妇女服饰均能显出女性的秀美窈窕之姿。傣族妇女均爱留长发，束于头顶，有的以梳子或鲜花为饰，有的包头巾，有的戴高筒形帽，有的戴一顶尖顶大斗笠，各呈其秀，各显其美，颇为别致。

（二）美在得体的服饰礼仪

孔子在《论语·尧曰》有言："君子正其衣冠"，这句话不仅仅指穿戴衣饰要整齐以示自身的教养，还暗示着衣冠整齐、得体本身就是君子的基本礼仪。不仅如此，服饰还可以代表一定的社会身份和品位，因此衣冠不整被引以为耻。在孔子的思想中，服饰是礼的一种具体体现，服饰的安排以及规定并非是形式上的繁琐仪式，而是与治国齐家平天下相关的一部分，是君子才与德的体现。

1. 传统服饰礼仪

❶ 衣不乱穿

《周礼》记载，周代已经形成了吉礼、凶礼、军礼、宾礼、嘉礼等五礼。礼仪的形成有相应的礼节制度，以及与礼仪配套的服饰，吉礼用吉服，凶礼穿丧服，军礼服军服，各有规定，各有体系，彼此不能混用，即不能不按礼仪的规定，随意乱穿服装。

中国古代的衣服不仅肥大，而且讲究齐整，不露体。这样的着装，在当时人的观念中，既是自尊，也是对别人的尊重，官场上及士大夫之间对此尤为注重。讲究的官绅，还注意衣服的式样、档次。衣服破旧、档次低，不仅他们自己怕被别人看不起，而且所拜谒的主家也觉得不光彩，有失颜面，尤其是在宾朋众多的场合。所以外出拜谒，须备有专门制作的礼服。

> **中国风尚**
>
> ### 明代的拜客服饰
>
> 明朝时，意大利传教士利玛窦曾描述所见："当大臣或有学位的人（指进士、举人、秀才等）出门拜客时，他要穿上一件特制的拜客长袍，和他日常穿的长衫大不相同，甚至没有荣誉头衔的人物出门拜客时，也要穿特别设计的袍服。如果他穿平时的衣服，就会被人见怪……如果偶然碰到一位没有穿上他最好的礼袍的人，就不按习惯的姿势向他行礼。……通常一个人出门时总要带一个仆人为他拿这身礼服。"

到清代，礼服袍、褂同时穿着，袍穿在内，褂套在外，又叫外褂，即"礼服之加于袍外者，谓之外褂。男女皆同此名称，唯制式不同耳"。拜谒会客之时，长袍之外须套外褂，是当时的礼俗。

穿戴齐整，是为了保持仪容风度，不失礼数。如清代的英和，为翰林世家出身，一次拜谒翰林院前辈窦东皋，当时虽是三伏天，但两人在厅中自早饭后谈至中午，"正衣冠危坐两三时许，汗如雨下"，即使出汗，谁也不敢衿脱衣，以至英和告退时，其衣服都湿透了。

❷ 冠带之礼

穿衣与戴帽分不开，古人也常将"衣冠"二字相连，冠在人际礼俗中同样有着重要意义。古代的汉族人，视披头散发为不文明、不雅之举，对于周边少数民族，也常以"披发"、"索虏"来形容他们的落后，属于化外之民。所以汉族的孩童至十二岁左右要"总角"，《礼记正义》郑玄注："总角，收发结之"，即把头发梳成两个结。到二十岁左右为成人了，贵族男子则要把头发束于头顶，外加冠套住，中间横插一笄来固定，并且还要举行郑重的仪式，谓之冠礼。冠礼是我国古代的成人礼。冠者本人也要重视冠的作用，它成为社会交往场合中礼节的重要内容。地位高的人，不戴冠，也有失身份。

> **相关链接**
>
> ### 汉服成人礼 
>
> 汉服成人礼包括冠礼和笄（jī，古代的一种簪子）礼。冠礼是指古代贵族男子到了二十岁时举行的一个隆重的加冠典礼，作为成年的标志；笄礼则是指女子的成年之礼。在冠礼仪式中，对于服饰的讲究可谓一丝不苟，不能有丝毫差池。周制的冠礼为三加，就是要加三次冠，同时换三套衣服。
>
> 冠礼不仅仅是一种形式，而是将冠者带入一个礼制的社会中，戴不戴冠以及戴什么样的冠，都与年龄、身份、所处的环境有着紧密的关系。成为戴冠之人的那一刻起，心中就要谨记礼仪，节制自己的行为，修炼自己的品德。 
>
> 为教育引导广大青少年更好地延续中华民族的传统，在成年之际能树立坚定的理想信念，进一步增强公民意识和责任意识，2015年8月7日，由共青团宜春市委主办、宜春市青少年活动中心承办的宜春市首届汉服成人礼活动在宜春市状元洲举行。

2. 现代服饰礼仪

《弟子规》有言："冠必正，纽必结；袜与履，俱紧切。"帽子一定要戴端正，衣服纽扣要扣好，袜子和鞋子都要穿整齐，鞋带要系紧。《弟子规》讲得简单又恰到好处，强调了基本的着装规范。着装不宜过于暴露，也不能不修边幅，那么，现代生活中着装要注意的一般原则是什么呢？

❶ 整洁原则

这是服饰装扮的最基本原则。穿着整洁的人总能给人以积极向上的感觉，表现出对交往对象的尊重和对社交活动的重视。整洁原则并不意味着时髦和高档，只要保持服饰的干净合体、整齐有致即可。

❷ 个性原则

个性原则是指在社交场合树立个人形象的要求。不同的人由于年龄、性格、职业、文化素养等方面的不同，会形成不同的气质。在选择服装时，要符合个人的气质，选择合适的服饰，尽显自身风采。

❸ 和谐原则

和谐即协调得体。即选择服装时不仅要与自身体形相协调，还要与年龄、肤色相配。服饰本是一种艺术，能修饰体形的某些不足。不论是高矮胖瘦、年轻年长，都应根据自身特点，用心选择适合自己的服饰。

相关链接

女性礼仪着装的 TOP 原则

TOP 是三个英语单词的缩写，它们分别代表时间（Time）、场合（Occasion）和地点（Place），即着装应该与当时的时间、所处的场合和地点相协调。

不同时段的着装规则对女士尤其重要。男士有一套质地上乘的深色西装或中山装足以包打天下，而女士的着装则要随时间而变换。白天工作时，女士应穿着正式套装，以体现专业性；晚上出席鸡尾酒会就须多加一些修饰，如换一双高跟鞋，戴上有光泽的佩饰，围一条漂亮的丝巾。其次，衣着要与场合协调。与客户会谈、参加正式会议等，衣着应庄重考究；听音乐会或看芭蕾舞，则应按惯例着正装；出席正式宴会时，则应穿中国的传统旗袍或西方的长裙晚礼服；而在朋友聚会、郊游等场合，着装应轻便舒适。试想一下，如果大家都穿便装，你却穿礼服就有欠轻松；同样的，如果以便装出席正式宴会，不仅是对宴会主人的不尊重，也会令自己颇觉尴尬。再次，不同的地点也需要不同的着装,在自己家里接待客人,可以穿着舒适但整洁的休闲服;如果是去公司或单位拜访,穿职业套装会显得专业;外出时要顾及当地的传统和风俗习惯,如去教堂或寺庙等场所,不能穿过露或过短的服装。

《弟子规》又言:"衣贵洁,不贵华;上循分,下称家。"大学校园是知识的圣堂,礼仪的殿堂,大学生着装更要符合自己的身份,贵在整洁大方,穿着吊带衫在教室上课或穿拖鞋在大街闲逛,都是不合礼仪的行为举止。同时,穿衣不必过分追求服装品牌与服饰华丽。如果大学生过分秉承"人无我有,人有我优"的理念,不顾家庭条件追求名牌、盲目攀比,会给家庭带来额外负担。

相关链接

求职面试的个人着装原则

1. 身着套装。裁剪合宜、简单大方的套装,能建立亲近感与专业感。女士下身应以裙装为主,如穿长裤,应选择质料柔软、裁剪合宜的西装裤。

2. 色彩柔和。套装颜色以中性为主,避免夸张、刺眼的颜色,且选择适合穿着者皮肤色调的颜色,以显精力充沛、容光焕发。

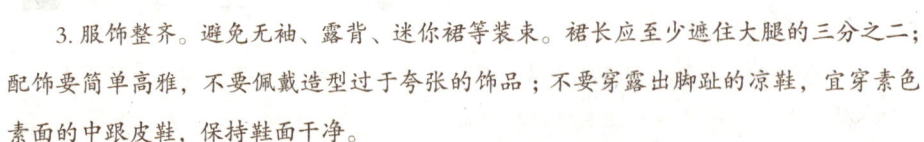

3. 服饰整齐。避免无袖、露背、迷你裙等装束。裙长应至少遮住大腿的三分之二;配饰要简单高雅,不要佩戴造型过于夸张的饰品;不要穿露出脚趾的凉鞋,宜穿素色素面的中跟皮鞋,保持鞋面干净。

4. 妆容淡雅。略施淡雅的彩妆,勿浓妆艳抹,也不宜脂粉不施。头发、指甲、配件等细节,都应干净清爽,给人良好印象。

5. 注重细节。只带一个手提包或公事包,尽量把化妆品、笔、零碎的小东西有条有理地收好。手里又提又拿,容易给人凌乱急躁的感觉。

> **心香一瓣**
>
> 无论在什么场合,都要注意自己服饰的得体大方。出行穿戴整齐既是对人对己的尊重,也能展示内心对美的追求和自我审美感受。

升华·体验

1. 分组介绍民族服装,用 PPT 展示相关服装的发展史和主要特点,个别代表穿着富有代表性的服饰现场展示。

2. 对比校园和社会上的多样着装风格,选择既符合自身个性又适宜校园环境的得体服饰。

3. 阅读沈从文的《中国服饰史》(陕西师范大学出版社,2004 年),了解中国服饰历史变迁及其背后的礼制规范。

中国特色

和谐之美美婺源

"中国最美乡村"婺源位于赣东北,境内高峰耸立,河流纵横,奇峰、怪石、古木、飞瀑、驿道等,构成一幅幅或雄伟豁达或纤巧秀美的山水画卷。来到婺源,犹如来到传说中的世外桃源,一股带着泥土芳香的气息扑面而来,但见蓝天、青山、碧水、小桥、流水、人家、粉墙、青砖、黛瓦,天人合一,相映成趣,可谓一幅"古树高低屋,斜阳远近山,林梢烟似带,村外水如环"的美丽画卷。在这里,游客回归乡间,放歌田野;居民生活富足,安居乐业;村容干净整洁,连徽派明清古村落的狗儿都慵懒地自在悠闲。

婺源作为中国最美乡村之一,是传统古村落聚居地,很多人将其比喻为梦想的家园,吸引人们的不仅是那里的青山绿水,还有掩映在山麓水畔点缀于古木幽篁之间的古建筑。精雕细琢的建筑构架与布局合理的空间划分,既很好地满足了居民的居住和生活空间需求,也是他们思想沟通、情感交流和文化传承的最佳载体。这正是自古以来人们所追求的人与人、人与自然和谐的居住环境。

三、燕子飞时，绿水人家绕——居住的和谐

（一）天人合一的居住环境

"天人合一"是中国古人居住的最高境界，"天"就是大自然。古代人居环境作为文化、艺术与社会的载体，受天人合一哲学思想的影响十分鲜明而具体。民居建筑强调因地制宜，重视自然与环境之间的和谐，注重追求自然与人文的统一，追求空间的伦理性以促进理想人格的培养。因而，中国的住宅大都具有与自然和谐并随大自然的演变而演变的独特风格。

在中国古代，汉族最为常见的住宅是"四合院"。四合院的典型特征是外观规矩，中线对称，且用法极为灵活，往大了扩展，就是皇宫、王府，往小了缩，就是平民百姓的住宅，辉煌的紫禁城与郊外的普通百姓住宅都是四合院。这种居住建筑，不论是帝王宫殿还是普通民居，都蕴含着深刻的文化内涵，是中华传统文化的载体。

1. 居中不偏、内外有别——四合院

❶ 金碧辉煌的皇宫

中国历代皇宫都是严格按《周礼·考工记》中"前朝后市，左祖右社"的帝都营建原则建造。前朝后市，指皇城的前部是朝廷，是帝王上朝听政之处；皇城的后面是市场，是都城的商业交易之地。

为了体现皇权的至高无上，表现以皇权为核心的等级观念，中国古代宫殿建筑采取严格的中轴对称的布局方式：中轴线上的建筑高大华丽，轴线两侧的建筑相对低小简单。由于中国的礼制思想中包含着崇敬祖先、提倡孝道和重五谷、祭土地神的内容，中国宫殿的左前方通常设祖庙（也称太庙）供帝王祭拜祖先，右前方则设社稷坛供帝王祭祀土地神和粮食神（社为土

地，稷为粮食），这种格局被称为"左祖右社"。围绕皇城中心所安排的"前朝后市，左祖右社"，用意在于体现至高无上的皇权尊严。

中国皇宫建筑的另一特色是上浮下坚。高台基、大房顶、向上翘的屋檐，是其典型的标志。通过厚重的高台或者基石，坚实有力地托着主体建筑向天空伸展，与天空融为一体。这体现了我国人民一直追求天地均衡的哲学思想和宇宙观。

相关链接

神秘而美丽的紫禁城

紫禁城，又称故宫，是我国也是世界上保存最完整、规模最大的古代皇宫建筑群。故宫始建于明永乐四年（公元1406年），建成于明永乐十八年（公元1420年）。自明代第三位皇帝朱棣迁都北京后，明、清两代共有24位皇帝在此生活居住和对全国实行统治。

故宫严格地按《周礼·考工记》中"前朝后市，左祖右社"的帝都营建原则建造。宫殿沿着一条南北向的中轴线排列，三大殿、后三宫、御花园都位于这条中轴线上，并向两旁展开，南北取直，左右对称。

故宫总体分为南部的前朝和北部的后寝两部分。南部以太和殿、中和殿、保和殿三大殿为中心，两侧辅以文华、武英两殿，是皇帝上朝接受朝贺、接见群臣和举行大型典礼的地方。当时建筑造型要求宏伟壮丽，庭院明朗开阔，象征封建政权至高无上，所以三大殿建在高8米多的呈"工"字形的须弥座式三层平台上，四周环绕着石雕栏杆，气势磅礴，为故宫中最壮观的建筑群，表现出不同凡响的崇高地位。其中太和殿坐落在紫禁城对角线的中心，是故宫中等级最高、体量最大的建筑，以显示皇帝的威严，震慑天下。北半部则以乾清宫、交泰殿、坤宁宫后三宫及东、西六宫和御花园为中心，其外东侧有奉先殿、皇极殿等，西侧有养心殿、雨花阁、慈宁宫等，是皇帝与后妃、皇子和公主们居住、举行祭祀和宗教活动以及处理日常政务的地方。内廷之后是宫后苑。后苑里有岁寒不凋的苍松翠柏，有秀石迭砌的玲珑假山，楼、阁、亭、榭掩映其间，幽美而恬静。

第一篇 | 发现生活之美

❷ 庭院深深的民居

我国古代北方民居最为典型的是四合院。四合院，又称四合房，是一种传统合院式建筑，其格局为一个院子四面建有房屋，从四面将庭院合围在中间。呈"口"字形的称为一进院落；"日"字形的称为二进院落；"目"字形的称为三进院落。一般而言，大宅院中，第一进为门屋，第二进是厅堂，第三进或后进为私室或闺房，是妇女或眷属的活动空间，一般人不得随意进入。宋代词人欧阳修有诗云："庭院深深深几许。"

四合院的装修、雕饰、彩绘处处体现着民俗民风和传统文化，表现出人们对幸福、美好、富裕、吉祥的追求，如以蝙蝠、寿字组成的图案，寓意"福寿双全"；以花瓶内安插月季花的图案寓意"四季平安"；而嵌于门簪、门头上的吉辞祥语，附在抱柱上的楹联，以及悬挂在室内的书画佳作，更是集贤哲之古训，采古今之名句，或颂山川之美，或铭处世之学，或咏鸿鹄之志，风雅备至，充满浓郁的文化气息，犹如一座中国传统文化的殿堂。

中国道理

马丕瑶府第蕴含的儒家传统思想

位于古都安阳的清朝时期马丕瑶府第，整体院落由四个四合院组成，由南向北，逐级抬高，前庭后堂，左右对称，且均南向开正门。院落中间有条非常明显的中轴线，按前后顺序依次排列为院门、次门、和信堂、敬诚堂以及修身堂。马府的院门代表着主人的门第等级和社会地位，还起到了引导整个院落主题的重要任务，是院落的对外展示和形象部位；次门起到串联的作用，同时也具有衬托马氏家族地位的功能；二进院的正房是和信堂，主要作用是招待客人；敬诚堂为三进院的正房，是马丕瑶母亲的居室；

> 中轴线的尽头四进院修身堂是院落主人马丕瑶的住处。因此，我们可以看出，中轴线上所有的建筑在院落中的地位都非常重要，不是供家庭中的长辈或重要人物居住，就是用于接待客人或开展重要活动的场所，这样的规划设计安排不仅仅反映了古代社会"以中为贵、居中为上"的传统思想，更是将儒家伦理中的等级制度体现得淋漓尽致。

由于中国古代儒家思想占统治地位，是中国古代社会几千年的精神主轴，儒学渗透于中国社会的方方面面。儒家提倡"居中不偏"，所以，早在两千多年前中国古代就形成了强烈的居"中"意识，同时还创造出了"中正"、"仁和"、谐调统一、不偏不倚、包容万物的中庸之道。四合院建筑强调对称的平面布局，对外封闭，对内开敞，中间设有多个庭院，反映出严格的内外有别、尊卑有序的宗法思想。全宅分为内外院，中间以造型玲珑、相当华丽的垂花门隔绝。民间常说的"大门不出，二门不迈"的"二门"指的就是这道垂花门。在垂花门后檐柱处常设门扇，称屏门，作用类同仪门，平时关闭，人由门前左右廊道绕入，遇大事或贵客莅临才开启。

内宅居住的分配非常严格，全宅的平面构图是按家长作为全家核心的原则布置的，其他房屋皆簇拥着正房，而且在开间尺寸、高矮、装饰等各方面皆低于正房。正房不仅是家庭生活的中心，也是家族精神的象征。如正房堂屋是家人起居、招待亲戚或年节时设供祭祖的地方，两侧多做卧室。东次间是长辈卧室，西次间是主人的卧室；东西厢房则由子侄等晚辈居住，长子夫妇居东，次子夫妇居西；南房做外客厅、书斋。厢房与南房设垂花门及矮墙，隔绝内外，形成内外院。

这种封闭式的四合院住宅，四面房屋各自独立，彼此之间有游廊贯通，院内各幢房之间，均由卡子墙连接。四面房子都向院落方向开门，一家人和美相亲，其乐融融；宽敞的院落中还可植树栽花、饲鸟养鱼、叠石选景，居住者尽享大自然的美好。

> **相关链接**
>
> ### 天井式民居
>
> 中国南方的民居模式当以天井式建筑为代表，尤以徽派建筑最有代表性，其特点是由四座房屋或三座房屋和一面墙合围成一个庭院。与北方四合院不同的是，由于南方人多地少，气候炎热多雨，因此房子多为二层楼式建筑，中间只留有面积不大的小庭院，主要用于通风散热。房屋的屋顶坡面多向院内倾斜，以便下雨时雨水能向院内流淌，有"四水归堂，财不外流"之意。外面多采用高于屋顶的马头墙，有利于防止火灾发生时火势蔓延。正面的楼房多为三间，正中间的称堂屋，相当于会客厅，两边分别居住主人和儿子，厢房为其他子女居住。

中国古代的民居建筑各具特色，由于地域辽阔，民族众多，就更加呈现出五彩缤纷的色彩。除以北方为主体的四合院建筑和以江浙、安徽一带为主体的天井式建筑外，还有以陕、甘一带为主体的窑洞式建筑，以广西、云南一带为主体的吊脚楼式建筑，以青海、西藏为主体的石头房建筑，以内蒙古为主体的蒙古包式建筑等。

2. 依势而建、粗犷古朴——西部民居

❶ 窑洞式建筑

窑洞式民居有两种，一种称为"崖壁式窑洞"，就是指在天然的土质崖壁上，先找一个理想的土坡或土塬，在向阳的边缘地区铲出一个立面，再向内挖一个深七八米、高宽各约四米的洞，正面装上门窗即可用于居住。这种窑洞主要集中在陕、甘一带。

还有一种窑洞式民居不太常见，叫作"天井式窑洞"。在河南省三门峡市有许多这种天井式窑洞，站在这样的"窑洞村"前，只见漫漫的黄土岗，根本看不到人家、

人影，只有走近了才能看到。原来"人家居住在地下"。这是当地的老百姓在没有天然崖壁的地方，创造性地建造的另一种窑洞形式。这种窑洞的建筑方法是首先在平地挖出一个十米见方、深约八米的方形巨坑，然后再在坑壁上向四个方向挖出单孔窑洞，形成四方窑院。

❷ 干栏式建筑

干栏式民居俗称"吊脚楼"，多见于云南、贵州等西南地区的少数民族居住区。干栏式民居建筑是从过去的屋棚式建筑发展而来的，"层巢而居，依树积木，以居其上"是西南山区少数民族早期的居住形式，也是现在干栏式建筑的最早雏形。产生这样的建筑形式，是因这些地方常年多雨、潮湿、炎热，山多而地少，竹木材料多，当地居民就地取材，将民居建于山坡之上。干栏式民居通常分为两层，用木材做支撑，上层住人，下层养牲畜，既有利于通风散热，又能防止夜间野兽、毒蛇的袭击。

❸ 石头式建筑

这种民居常见于青海、西藏等地区。这部分地区以山地居多，取石材十分便捷，故而产生了以石材为主的民居。石头民居一般为两三层小楼，一层养牲畜，二层做卧室、厨房，三层设为佛堂。由于藏族地区的居民多崇信佛教，所以他们将楼中最好的房间一般都设成佛堂。房屋的外墙全部采用石头垒砌而成，外观粗犷豪放，很有特点。

3. 美丽中国、生态文明——现代建设蓝图

❶ 和谐宜居中国梦

　　人们永远都在追求美好、和谐的居住环境，大到整个国家和城市，小到街道和家庭。2012 年，习近平总书记提出实现"国家富强、民族振兴、人民幸福"的中国梦，而和谐宜居的环境是人民幸福的前提条件之一。2016 年，在中共中央、国务院印发的《关于进一步加强城市规划建设管理工作的若干意见》中，就提出了强化城市规划工作、塑造城市特色风貌、提升城市建筑水平、推进节能城市建设、完善城市公共服务、营造城市宜居环境、创新城市治理方式等重要举措。

> **相关链接**
>
> **宜居城市**
>
> 　　宜居城市是指对城市适宜居住程度的综合评价。其特征是环境优美、社会安定、文明进步、生活舒适、经济和谐、美誉度高。
>
> 　　宜居城市是城市发展到后工业化阶段的产物，是指宜居性比较强的城市，是具有良好的居住和空间环境、人文社会环境、生态与自然环境和清洁高效的生产环境。1996 年联合国第二次人居大会提出了城市应当是适宜居住的人类居住地的概念。此概念一经提出就在国际社会达成广泛共识，成为 21 世纪新的城市观。2005 年，国务院批复的《北京城市总体规划》中首次出现"宜居城市"概念。中国城市竞争力研究会连续多年发布"中国十大宜居城市"排行榜。

　　2016 年，中国科学院在北京发布《中国宜居城市研究报告》，《报告》显示，青岛、昆明、三亚、大连、威海、苏州、珠海、厦门、深圳、重庆宜居指数在全国 40 个被调查城市中名列前十。这次《报告》评价指标共包括城市安全性、公共服务设施方便性、自然环境宜人性、社会人文环境舒适性、交通便捷性和环境健康性等 6 大维度和 29 个具体评价指标。此次调查的结果反映出中国和谐宜居城市建设道路还比较漫长。

2. 宜居宜游在宜春

建设宜居城市，宜春在行动。2016年11月出台的《宜春市中心城区城市功能三年提升行动实施意见》提出要以科学发展观为指导，坚持以人的城镇化为核心，以提升综合承载能力为支撑，以"增强城市功能、塑造城市形象、提升城市品位、优化人居环境"为目标，按照"统一规划、分步实施、民生优先、适度超前"的原则，构建布局合理、功能齐全、设施完善的公共服务体系。计划从2017年起，利用三年时间，在中心城区投资700余亿元(其中2017年300亿元、2018年200亿元、2019年200亿元)，实施八大类城建项目，将中心城区建设成基础设施完善、公共服务配套齐全的宜居宜业宜游之城。

相关链接

亲亲明月山　泡泡硒温泉

在广袤的赣西大地上，有这样一个神奇的地方，当地原住居民"三无"：一无癌症，二无眼疾，三无肥胖。这一奇特现象，引起全国各地媒体争相报道。2011年4月，中央一套《科技博览》栏目组实地探秘这个神奇的地方，5月18日以《我村无癌》节目播出；2012年12月5日，中央四套以《走遍中国——长寿之乡"温汤"》连续播出，揭秘了"三无"奇特现象出现的原因——富硒温泉。

这个地方，犹如一颗璀璨的绿色明珠镶嵌在青山绿水间，在人们眼里，她是一块"养生、养心"的风水宝地，是一座魅力四射的旅游"金矿"，是游子们梦寐以求的精神家园，她就是地处国家级风景名胜区、国家AAAAA级景区、国家生态公园、国家地质公园、国家自然遗产地——江西省宜春市明月山温泉风景名胜区境内的温汤镇。

温汤镇因温泉而得名。"千山揽尽未须钱,薄暮荒村又得泉。热不因人寒不冷,亦狂亦狷亦神仙。"据后汉书《郡国志》记载:"宜春南乡三十五里,有温泉,冬夏常热,涌出,投生卵即熟,以冷水和之,可祛风疾。"这是目前发现的关于温汤温泉的最早记载,已有近两千年的历史。

温汤温泉目前日出水量达13000多吨,是迄今为止全世界发现的唯一一处可饮可浴富硒温泉,有"华夏第一富硒温泉"之美誉,堪与法国的埃克斯矿泉相媲美。2006年,在华夏第一富硒温泉休闲旅游发展高峰论坛上,与会专家亲身体验温汤富硒温泉后,提出了"黄山归来不看山、九寨归来不看水、温汤归来不泡泉"的响亮口号,给予了温汤富硒温泉高度的评价。

行走在风景如画的明月山温泉风景名胜区的温古公路、温汤镇等地,会发现不少游客在排队取山泉水饮用。而这,已成为景区一道特殊的风景。青山、绿水和纯净的空气,是明月山景区的"三大宝",也是景区的最大优势和最亮招牌。近年来,明月山景区将生态环境保护放在景区发展的核心地位,始终不忘初心,坚决守护景区的绿水青山。目前,全区森林覆盖率达81.2%,空气质量达到了一级标准,地表水环境指标均达到二类水标准以上,声环境质量为0类,创建了国家级风景名胜区、国家森林公园、国家地质公园等多项国家级环境保护金字招牌。

秉持"突出月亮文化、彰显温泉特色、展示水墨江南、打造度假胜地"的原则,明月山温汤镇先后投入2000多万元,形成了完备的规划体系。紧扣规划,围绕"吃、住、行、游、购、娱"和"商、养、学、闲、情、奇"新老旅游六要素,通过招商选资,先后投资上百亿元,成功打造了一批重大温泉产业项目。

大学生一方面努力学习文化知识,另一方面也要不断提高和践行生态环保意识,爱护城市生态和基础设施,美化教室和寝室环境。近年来,宜春职业技术学院的学生积极创设生活和学习的美好环境,他们把寝室布置得整洁大方、美观和谐,使之

宜春职业技术学院"最美宿颜"优秀寝室 　　　　宜春职业技术学院文明教室

成为温馨舒适的"家";在教室或剪纸贴花,或书写诗词歌赋,设计出特色鲜明的标语,让教室彰显出浓浓的文化氛围。

心香一瓣

> 营造美好的宿舍环境和学习环境,能让大家感受生活环境的和谐美好,心情也将变得更加愉悦。设想,如果学生公寓楼层之间垃圾随意丢,衣服水乱滴;寝室内部卫生脏乱差,经常闹哄哄,你的心情会如何呢?

(二)守望相助的邻里关系

所谓邻里,据《周礼·地官司徒》载:"五家为邻,五邻为里。"再广而言之,也指家乡所在乡里,如一个村落。乡里关系包括同乡关系和邻里关系,是一种以地域关系为基础的人际关系。

1. 德不孤,必有邻

俗话说:"美不美,乡中水;亲不亲,故乡人","割不断的亲,离不开的邻"。古人不仅认识到邻里关系的重要性,还认识到,邻里关系虽然也离不开政治甚至法律手段的调节,但作为百姓的一种日常生活关系,其调

节主要还是依靠道德来进行。《大戴礼记·曾子立事》云："君子义则有常，善则有邻。"这就是说只要人们按照道德去行事，必然会善处邻里，也能得邻睦邻。在《论语·里仁》中孔子表达得更加明确，"子曰：'德不孤，必有邻。'"意思是说，有道德的人不会孤单，一定会有志同道合的人与他为伴、为邻。按朱熹《四书集注·论语集注》的解释："邻，犹亲也。德不孤立，必以类应。故有德者，必有其类从之，如居之有邻也。"这就是说，德是不孤立的，如同居之有邻。我们也可以这样解释，只要有德，便自然会得邻善邻。

中国经典

原思辞粟

原思为之宰，与之粟九百。辞。子曰："毋！以与尔邻里乡党乎。"

——《论语·雍也》

原思当了孔子家的总管，孔子给他俸米九百。原思推辞不要，孔子说：不要推辞。有多的，就周济你的邻里乡亲吧！

可见，亲仁善邻，惠及邻里乡亲，是孔子所倡导的价值观。

现在，我们不仅倡导用"亲仁善邻，惠及邻里乡亲"的价值观来处理邻里关系，而且在处理中国与周边国家的关系上都是坚持与邻为善、以邻为伴，坚持睦邻、安邻、富邻，突出体现亲、诚、惠、容的理念。

中国形象

中国践行"亲、诚、惠、容"的周边外交理念

2013年11月，习近平总书记在周边外交工作座谈会上指出，中国周边外交的基本方针，就是坚持与邻为善、以邻为伴，坚持睦邻、安邻、富邻，突出体现亲、诚、惠、容的理念。近几年来，习近平在出访周边国家时的言行，无不体现着他对"亲、

诚、惠、容"四字理念的践行。

从为邻居捧场，专程赴俄参加冬奥会开幕式，到"走亲戚式"专程到访韩国和蒙古国，习近平的周边路线无不凸显邻里之亲；从提出"一带一路"战略到倡导"亚洲新安全观"，中国一再释放以诚相待、承诺必践的周边外交诚意；从与周边国家签署诸多合作协议，到欢迎周边国家"搭便车"，体现了习近平始终强调的与周边互惠共赢理念；从访俄期间提出的"鞋子论"，到倡导中印做地区和平稳定的双锚，与周边包容发展亦是习近平的周边外交理念之一。

2. 严于律己，宽以待人

古语云："里仁为美"、"睦乃四邻"、"与人相交，一言一事皆须有益于人，便是善人"，这道出人们做事要以道义为衡量原则，严于律己，宽以待人，以仁爱之心同情和帮助他人，设身处地为别人着想。这既是一个人具备高尚德行修养的体现，也是社会正义的基础。

中国故事

六尺巷

清康熙年间，大学士张英的老家人与邻居吴家在宅基问题上发生争执，因涉及祖上基业，年代久远，双方互不相让。官司打到县衙，因双方均是名门望族，县官不敢轻易判案。张家人千里传书到京城求救。张英收书后批诗一首寄回老家："千里家书只为墙，让他三尺又何妨。长城万里今犹在，不见当年秦始皇。"家人见书，豁然开朗，主动在争执线上退让了三尺，下垒建墙，而邻居吴氏深受感动，也退地三尺，建宅置院，于是两家的院墙之间就形成了一条宽六尺的巷子。六尺巷由此而来。

中国故事

杨翥卖驴

明代礼部尚书杨翥（zhù）居住在京城时，喜欢骑驴代步。他对驴子特别偏爱，每天上朝回家，常常不顾家人的劝阻，亲自为驴子擦洗梳理，给驴子喂上等的饲料。圈养驴子的房屋就在他的住房旁边，他半夜总要起床一两次，照看自己的宝贝驴子，给驴子添料加草。可是杨翥有一邻居，年近花甲才得一子，老来得子自然倍加疼爱。但这孩子只要听到杨翥的驴叫就哭闹不停，饮食也明显减少。由此，邻居全家忧心忡忡、不得安宁，想向杨翥告知实情，又害怕杨翥的显赫地位。眼看那孩子一天天消瘦下去，邻居老夫妻无法可想，最后只得鼓起勇气将此事告知杨翥。杨翥听后二话没说，忍痛把自己心爱的驴子卖了，从此，他外出或上朝都靠步行。

这些故事告诉我们，严格自律，相恕相让，仁厚相处，有助于处理好邻里之间的关系。然而，由于受社会上多元思想特别是极端个人主义思想的影响，许多人忽视了中国"相恕相让"的中华传统美德，过于以自我为中心。近年来，高校校园甚至出现了伤害同学室友的不和谐事件。

相关链接

校园投毒案

2013年4月，上海复旦大学上海医学院研究生黄洋遭他人投毒后死亡，而犯罪嫌疑人林森浩竟是受害人黄洋的室友，投毒药品为剧毒化学品N-二甲基亚硝胺。

2014年2月18日，上海市第二中级人民法院一审宣判，被告人林森浩犯故意杀人罪被判死刑，剥夺政治权利终身。2015年12月11日，林森浩因故意杀人罪被依法执行死刑。

林森浩因琐事对黄洋不满就投毒杀人。2013 年 4 月 16 日，南京航空航天大学学生蒋某因未带钥匙与舍友袁某发生口角及肢体冲突，被袁某刺死。再往上溯，有马加爵杀室友案……还有屡屡出现的校园欺凌事件等。

> **中国道理**
>
> ### 和睦相处
>
> 父子和而家不败，兄弟和而家不分，夫妇和而家道兴，乡党和而争讼息。
>
> ——明《增广贤文》
>
> 父子之间相处和睦家道不会败落，兄弟之间相处和睦大家庭不会分离，夫妻之间相处和睦则家道兴旺，邻里之间相处和睦就能平息争吵乃至官司。

有缘千里来相会，同学们为了学习的共同目标相聚校园。然而，同学、室友相聚不易，相处亦难。我们要学习古人邻里之间相处和睦的智慧，传承中华民族严于律己、相恕相让的传统美德，让同学和睦、室友相亲，让校园一片安宁。

3. 相扶相助，乡邻和睦

战国时期思想家孟子在《孟子·滕文公上》中写道："乡田同井，出入相友，守望相助，疾病相扶持，则百姓和睦。"意思是邻里乡亲如果能做到出入友善相待，守望相助，疾病相扶，这样百姓之间就会和睦。

到两宋时期，乡村社会的地缘认同观念非常普遍。在宋人看来，邻里关系固然较之宗亲关系为疏，但远亲不如近邻，平时的相周相济，往往近邻胜于远亲。南宋官员袁采在《袁氏世范》卷三《睦邻里以防不虞》中就提出邻居间要和睦相处，平日多加抚恤，有事相互照应；不要让自家的小孩损坏邻居的花果树木，不要让自家的牛羊鸡鸭践踏、啃啄邻居的庄稼；乡里有造桥修路的公益事业，要尽力予以资助等。

> 中国经典

乡俗文本

千金难买是乡邻，思意相欢即是亲。年若少时宜敬老，家才足后合怜贫。

——宋·真德秀《劝欢诗》

邻里亲戚，都要和气。性情温热，财物周济。

——明·吕得胜《女小儿语》

生来同里共乡邻，不是交游是所亲。礼尚往来躬自厚，情关休戚我先恩。莫因小忿伤和气，遂结成仇起斗心。报复相戕还自累，始知和睦是安身。

——清·石成金《传家宝》

这些朗朗上口的民间乡俗文化文本，都体现出中国人非常重视乡邻之间守望相助的和睦关系。

> 中国经典

又呈吴郎

堂前扑枣任西邻，无食无儿一妇人。
不为穷困宁有此？只缘恐惧转须亲。
即防远客虽多事，便插疏篱却甚真。
已诉征求贫到骨，正思戎马泪盈巾。

唐大历二年（公元767年），是杜甫漂泊到四川夔府的第二年，他住在瀼（rǎng）西的一所草堂里。草堂前有几棵枣树，西邻的一个老年寡妇常来打枣，杜甫同情老妇人的境遇，总是任她随意食取，从不干涉。后来，杜甫把草堂让给一位姓吴的亲戚，自己搬到离草堂十几里路远的东屯去。不料吴郎一来就在草堂插上篱笆，禁止打枣。杜甫知道了这件事，便写了一首诗当作书简，寄给吴郎，希望他善待西屋邻居老妇人。

《又呈吴郎》是一首通俗易懂的诗，从中可以看出杜甫对那位"无食无儿"的邻居老妇人的同情和关爱。诗中所表达的不仅是一般的恤老怜贫，更有杜甫对老妇人人格的尊重——"不为穷困宁有此？只缘恐惧转须亲。"

中国道理

湖南甘氏宗族家训

至若邻里，比屋联居，非亲即友。亦宜有无相通，患难相救，以让救争，以礼止暴，乃成仁厚之风。宗族和顺，乡党亲睦，自无盗贼凶恶之徒为之滋扰矣。

至于邻里之间，屋宇相连而居，不是亲人即是友人。也应该互通有无，患难相救，用宽容避免争执，用礼仪制止暴力，这样才能成就仁厚家风。宗族和顺，邻里亲睦，自然就没有盗贼凶恶之徒滋扰生事了。

家族的兴旺与和睦的邻里关系也有着密切的关系，这是经典文化、民间文化重视善邻价值的重要原因。

"海内存知己，天涯若比邻。"有缘走到一起的同学们同样需要相亲相爱、相助相扶。校园里，常能看到陪同患病的同学上医院就诊，搀扶甚至背着不小心扭伤脚的同学到班上上课，为家境困难、身患疾病的同学捐款的暖心场景。

校园故事

姐妹情深　考研路上一个都不能少

2017考研已落下帷幕，每个考研人都收获着自己的一份故事。华东交通大学土木建筑学院环境工程专业出现"最强寝室"，同寝四姐妹成功考上该专业研究生，其中两名跨入"985"高校大门，一名被"211"高校录取，成了身边人的榜样。

"室友的支持是我不断前进的动力，我们之间的帮助让我顺利解决各种困难。"在考研这条路上，她们绝不是一个人的征途，而是一行队伍的慷慨前行。

蔡文嫱是"学霸寝室"的寝室长，也是四人当中的"大管家"，她以306分被西安科技大学录取。对待考研，她始终督促室友付出百分之二百的严肃劲儿。"每天6点自然醒，我们4个人就像军训一样齐刷刷地起来穿衣服，活得像一支队伍。当学习遇到困难的时候，我们也从不藏着掖着。那段时间的艰辛是不为人知的，不管以后我们去哪里继续学业，去哪里工作，我们永远是最好的姐妹，心也永远在一起。"

四人一同讨论、一同总结，考研过程虽然艰辛而单调，但是她们四人步调一致，收获到了一份浓郁的姐妹情。10月的一天，距离考试仅剩下2个月不到，蔡文嫱和往常一样刷着英语阅读理解，20个单项选择竟然仅有6个正确，这无疑给蔡文嫱一个晴天霹雳，当场就在自习室哭了起来。室友们注意到后，便围坐在一起讨论当天的错题。"大家都会遇到困难，每当有人在备考途中遭遇挫折的时候，室友们都会相互鼓励。遇到难题也会一起解决。"蔡文嫱说。

"我觉得每一个人都应该去试着准备考研，虽然辛苦，但是收获的不仅仅只是知识。"袁媛说，"考研真的让我变了很多，它让我变得有恒心、有耐心、有信心，让我收获到不一样的人生信条。"

心香一瓣

室友就是我们的兄弟姐妹，班级之间的同学就是我们的邻里乡亲。在寝室严格自律，与室友仁厚相处；对邻班同学相恕相让，和睦相处；同学、室友之间相互关心，相扶相助，让我们的校园呈现一片祥和之气。

升华·体验

1. 开展模拟导游活动,分组介绍学校所在地或家乡富有代表性的建筑景观。
2. 在所在城市或学校开展"环保行"活动,整治环境,宣传绿色低碳理念。

第二篇

享受生命之趣

序言

　　生命是一个奇迹，人的生命只有一次，它的产生源于偶然与必然的碰撞。在万事万物中，人的一生就像一场单程的长途旅行，无论怎样度过，都会慢慢驶向终点。在最灿烂的年华，我们应该思考：如何让生命变得丰富、善良、高贵。

　　除了发现生活之美，还应享受生命之趣——享受生命的存在，爱惜身体，呵护心灵，珍惜时光，尊重自我及他人，与草木为友，和动物相亲；享受生命的自由，强身健体，博学广智，修身养性，读万卷书，行万里路，与天地精神往来；享受友谊的欢畅，倾心谈话，悉心交往，和而不同，虚心包容，诚信互助，珍惜情缘，天涯若比邻。

中国故事

古莲开花

据报道，在辽宁省旅顺新金县普兰店东五里处的泥炭土层中发现尚有生命力的古莲子。

早在1923年，日本学者大贺一郎在我国辽宁新金一带进行地质调查时，在当地泥炭层中就采到古莲子。1953年，有人将从普兰店莲花泡地层里的泥炭中挖到的五粒古莲子送到北京中国科学院植物研究所古植物研究室的徐仁教授手中。古莲子经一系列处理，栽入花盆中。令人惊奇的是，五粒古莲子，在潮湿的水土条件下，几天后竟都长出了幼小荷叶。将此五棵幼荷从花盆中转移到池塘里，一个多月后，它们竟都绽蕾开花，二白，二粉红，一紫红，花瓣与现代莲荷几乎无异。到了秋季，花瓣凋谢，结出了含有莲子的莲蓬。这些莲子经过培育、播种，也都发芽、长叶、开花、结子。直至最近，还有用普兰店古莲子播种后开出荷花的报道。

辽宁新金的古莲子究竟有多古？中国科学院地球化学研究所于1974年用碳14测得古莲孢粉的年龄是1014年左右。一千多年前结的莲子，到现在如不腐朽，也该变成化石了，早已没有生命，怎能发芽开花呢？千年古莲子能开花，听起来真像是天方夜谭，让人难以置信。然而，这竟是事实，这就是生命的神奇！

一、生如夏花，死若秋叶——生命的绚烂与静美

（一）中华传统文化中的生命教育

中华文化源远流长，博大精深，其中对于生命有着深刻认识，值得当代中国生命教育去借鉴和思考。儒家、道家、佛家是中国传统文化的三大支柱，都具有非常丰富的生命教育资源，对生命的态度和实现方式各有不同。一般来讲，儒家注重道德教化与人生信念教育，道家注重自然和谐、养身保真，佛家注重修身养性、济世救人和超脱痛苦。在文化融合与发展中，形成了中国人独具特色的外儒内道、儒道互补、佛道相通的人生哲学和处世智慧。

1. 儒家：仁者爱人、以孝为本

儒家思想的核心是"仁"，而"仁"的核心是以人为本。儒家十分强调人的崇高地位，孔子旗帜鲜明地指出："天地之性，人为贵"；孟子弹劾时政，不能容忍宝贵的生命因饥饿而死，对梁惠王直言："率兽而食人。"

在《论语》中，我们能深刻领会儒家对生命的尊重与珍爱。据《论语·乡党》记载："厩焚。子退朝，曰：'伤人乎？'不问马。"马厩着火了，最先遭殃的肯定是马，而孔子最先问的是人受伤没有，充分体现了孔子对人类生命的敬畏和热爱。

儒家"仁爱"的思想还体现在对执政者的要求上，如"民贵君轻"、"水能载舟，亦能覆舟"，提倡为政以德，认为宽厚待民、施以恩惠是有利于争取民心的政治方略。

儒家的生命观认为人生短暂，但是人不能因此沉沦、落魄，生死是一体的，"人固有一死，或重于泰山，或轻于鸿毛"，倡导要正视死亡，贡献自身力量，对国家和民族要有担当，建功立业、保家卫国，努力在有限的生命里实现价值。可见，倡导以"仁爱"思想安身立命等儒家文化，对于帮助当代大学生树立"以人为本"、"关爱他人"、"平等自律"等观念具有积极的现实意义。

中国经典

贤哉，回也！一箪食，一瓢饮，在陋巷，人不堪其忧，回也不改其乐，贤哉回也！

——《论语·雍也》

孔子说："贤德啊，颜回吃的是一小筐饭，喝的是一瓢水，住在穷陋的小房中，别人都受不了这种贫苦，颜回却仍然不改变向道的乐趣，贤德啊，颜回！"

儒家对生命教育的另一重大贡献来自于以"孝道"为核心的道德和礼仪教育。儒家重视"孝道"，即"百善孝为先"。《论语·学而》云："孝弟也者，其为仁之本与。"《孝经》认为："夫孝，德之本也"、"身体发肤，受之父母，不敢毁伤，孝之始也"，提出了"孝"的开始和基本要求即珍爱自身生命。简单地说，孩子不能够做自残之事，因为生命是父母的延续，要好好保重自己，不让身体受到伤害。"不孝有三，无后为大"，充分体现了儒家对生命延续的重视。"孝"的文化将父母长辈、自身及兄弟姐妹、子女后代紧密地联系在一起，强调每个人对家庭成员的责任和不可分割的血缘关系，奉行善待自己、珍爱生命的人生观。而对待他人的生命，也要做到"及人之亲"，即若把他人当作自己的亲人，自然不会去伤害他人。

心香一瓣

当代大学生中有部分人奉行以自我为中心的人生观，消解了对社会和家庭的责任，追求瞬间的放纵和自由，相比于传统文化中的人，更易采取自伤或伤人行为。从此意义上讲，发扬"孝道"文化，对于培养当代大学生对家庭和社会的责任心，培育感恩思想和珍爱生命的意识有着积极的现实意义。

2. 道家：重己贵生、道法自然

道家重视个体生命价值，认为在世间万物中，个体生命是最高贵的存在。老子曰："名与身孰亲？身与货孰多？得与亡孰病？"庄子在《让王》篇里，讲了十多个故事来宣扬"轻物重生"的思想。

道家崇尚尊重自然，追求"道法自然"，强调"自然无为"、"无为而有为"的人生观，主张隐世退让，过顺应、回归、亲近自然的和谐生活。所谓"无为"，指的是人的生命是短暂的，在生命过程中有各种困难，死亡之后才能够解脱。所谓"有为"，指的是人需要"重人贵生，重命养躯"，即若要延年益寿，人们须在有限的生命中重视自己、注重养生。道家在生命教育上采取的是一种引导式的方式，就是要人不去争、感悟自然，通过"隐居"，与自然为伴，保全自身。这种生命观虽然带有消极的倾向，但不能否认道家对生命的重视。

中国经典

定风波

莫听穿林打叶声，何妨吟啸且徐行。竹杖芒鞋轻胜马，谁怕？一蓑烟雨任平生。

料峭春风吹酒醒，微冷，山头斜照却相迎。回首向来萧瑟处，归去，也无风雨也无晴。

该词是宋代文学家苏轼的作品。篇幅虽短，但意境深远，深得道家旷达豪放的精神。此词通过野外途中偶遇风雨这一生活中的小事，于简朴中见深意，于寻常处生奇景，表现出旷达超脱的胸襟，寄寓着超凡脱俗的人生理想。

心香一瓣

道家提倡的尊重个体、自重自爱、崇尚自然等思想，对于培养当代大学生尊重自然、爱护生灵万物，探寻人生志趣、抑制物欲诱惑、知足常乐等生命观念，有着积极的现实意义。

3. 佛家：普度众生、善待万物

林语堂说："佛教一面以哲学，一面以宗教两种性质征服了中国。它的哲学性质，所以适应于学者；它的宗教性质，所以适应于民间。"佛教在中国既有严谨、深奥的理论体系，提倡关爱世间万物，又有宗教仪式，宣扬因果轮回。

佛家生命观对生命有着极大的重视，尊重爱惜世间万物，提倡勿杀生，慈悲为怀，鼓励人们行善积德，"大慈与一切众生乐，大悲与一切众生苦"。杀戒作为戒律之首，可见佛家对生命的重视。佛家要求所有人都应该爱惜自己的生命以及他人的生命，在自我生命与他人生命的选择上，要牺牲自己、拯救他人，正所谓"我不入地狱，谁入地狱"。此外，佛家相信轮回和因果，鼓励人们在有限的生命中多做善事，将来就可以"荣登极乐"，达到灵魂的永生，如果作恶，则会下地狱，受到折磨。佛家生命观重视的生命，不仅是人的生命，还有其他生命，强调以平等的态度尊重世间万物。

心香一瓣

虽然佛教宣扬因果轮回、追求极乐世界的思想是唯心主义的，但其所倡导的关爱众生的思想与"不杀生"的戒律，强调了对他人和他物的关怀、给予和帮助，对于培养当代大学生善良的心境、坚韧的品质，树立正确的生死观有着积极的现实意义。

综上所述，现代人的生命状态可以在传统文化中找到支撑，儒家热爱生命，道家崇尚自然，佛家众生平等。一个人得意时需要儒家生命哲学，在失意时可以看看老庄的生命哲学，在绝望时应该学习佛家文化，学会放下，"退一步海阔天空"。

> **中国经典**
>
> **长歌行**
>
> 青青园中葵，朝露待日晞。
> 阳春布德泽，万物生光辉。
> 常恐秋节至，焜黄华叶衰。
> 百川东到海，何时复西归？
> 少壮不努力，老大徒伤悲。
>
> ——汉乐府诗

除了儒、道、佛三家的传统资源外，中国古代的"无神论"反对封建迷信中的神鬼论，主张天地自然，倡导人们珍惜在世时光，对当代大学生树立正确的生命观也有一定积极意义。

（二）生命教育的文化依托

中国社会环境中的生命教育，最有利的文化依托平台莫过于中华优秀传统文化，其中，中国传统节日是精华，具有独特的优势。

中国传统节日是一个非常广泛的范畴，既包括汉族的传统节日，如春节、清明节、端午节、中秋节、重阳节等，也包括各少数民族自己的节日，如藏族的沐浴节、彝族的火把节、傣族的泼水节等。但是，无论传统节日的由来和形式有何种具体差异，其都是对某一或某些族群文化的集中阐释、表达和传承，反映了人们对生命存在状态的反思和寄托，对当下生命存在具有非常重要的皈依价值。

1. 反思生命历程

传统节日是在社会生产活动中形成的，源于对自然秩序的遵循和崇拜。在长期的历史发展中，人们将自身生命意义寄托其中，然后通过一系列的礼仪、制度、物质和活动表达出来，赋予特定的生命意义。在过节时，人们会重新反思自身的存在价值，追寻生命存在的原点，进而调整自身与自我、他人、社会的关系，达到自我与天地、祖先与国家的统一。因此，每过一个传统节日，都是个体重新反思自身生命存在的历程。

中国习俗

春节

春节的传统名称为新年、大年、新岁，但口头上又称度岁、庆新岁、过年，是中华民族最隆重的传统佳节。春节期间，中国的汉族和一些少数民族都要举行各种庆祝活动。这些活动均以祭奠祖先、除旧布新、迎禧接福、祈求丰年为主要内容，形式丰富多彩，带有浓郁的民族特色。受中华文化的影响，属于汉文化圈的一些国家和民族也有庆祝春节的习俗。春节期间，人们要回家和亲人团聚，表达对未来一年的热切期盼和美好祝福。春节不仅是一个节日，更蕴含着中华民族文化的智慧和结晶，凝聚着华夏儿女的生命追求和情感寄托，传承着中国人的社会伦理观念。它是一年一度的狂欢节，是中国人情感得以释放、心理诉求得以满足的重要载体。人们通过打扫卫生、沐浴来表示与以往的岁月做一个告别，展望新的未来；通过祭祀祖先，为自身生命寻找一个归宿点；通过拜年，拉近人际关系。

中国习俗

清明节

清明节是中国的二十四节气之一，一般是每年的阳历四月五日。按《岁时百问》的说法："万物生长此时，皆清洁而明净。故谓之清明。"清明一到，气温升高，雨量增多，正是春耕春种的大好时节，故有"清明前后，种瓜点豆"、"植树造林，莫过清明"的农谚。但是，清明作为节日，与纯粹的节气又有所不同。节气是我国物候变化、时令顺序的标志，而节日则包含着一定的风俗活动和某种纪念意义。

清明节是我国传统节日,也是最重要的祭祀节日,是祭祖和扫墓的日子。扫墓俗称上坟,是祭祀死者的一种活动。汉族和一些少数民族大多都在清明节扫墓。按照旧时习俗,扫墓时,人们要携带酒食果品、纸钱等物品到墓地,将食物供祭在亲人墓前,再将纸钱焚化,为坟墓培上新土,折几枝嫩绿的新枝插在坟上,然后叩头行礼祭拜。

2. 感受生命多元

在悠久的历史发展中,中华民族的文化逐渐形成了海纳百川、包罗万象的异质文化复合体,其中,中国传统节日是中华民族文化的鲜明体现。传统节日作为不同民族文化的载体,充分体现了各民族对待生命的不同态度、价值观念和行为方式,是生命多元性存在的典型表现形式。对于同一节日,不同地域或民族间具有多元性表现,同时,不同地域或民族又具有各自独有的民族节日。度过、体验这些不同的节日,实际上也是个体体验生命多元性的过程。同时,这种多元性内部又存有必然联系,即共同体现了对生命的敬畏、尊重和人文关怀,展示了对生命之善的追求,体现了生命的勃勃生机。

中国习俗

彝族火把节

彝族火把节是彝族最隆重盛大的传统节日,流行于云南、贵州、四川等彝族地区,白、纳西、基诺、拉祜等族也过这一节日。火把节多在农历六月二十四或二十五日举行,节期三天。在中国最大的彝族聚居区大小凉山,关于火把节由来的传说很多。其中影响最大、流传最广的是彝族英雄斗败天神恶魔,团结民众与邪恶、灾害抗争的故事。每年火把节期间,彝族各村寨都要举行隆重的祭祀活动,祭天地、祭火、祭祖先,驱除邪恶,祈求六畜兴旺、五谷丰登,体现了彝族人民尊重自然规律、追求幸福生活的美好愿望。

佳节之前，各家都要准备食品，在节日里纵情欢聚，放歌畅饮。火把节期间，各村寨以干松木和松明子扎成大火把竖立于寨中，各家门前竖起小火把，入夜点燃，村寨一片通明。同时，人们手持小型火把成群结队行进在村边地头、山岭田埂间，将火把、松明子插于田间地角。远处望去，火龙映天，蜿蜒起伏，十分动人。最后，青年男女会聚广场，将许多火把堆成火塔，唱歌跳舞，彻夜不息。

中国习俗

端午节

端午节是每年农历五月初五，为国家法定节假日之一，并已被列入世界非物质文化遗产名录。端午节起源于中国，最初是中国人民祛病防疫的节日。春秋之前，在吴越之地就有农历五月初五以龙舟竞渡形式举行部落图腾祭祀的习俗，后因诗人屈原在这一天死去，五月初五便成了中国人民纪念屈原的传统节日。部分地区也有纪念伍子胥、曹娥等说法，充分体现国人对个体与国家关系的反思。据统计，端午节的名称在我国所有传统节日中叫法最多，达二十多个，堪称节日别名之最。如端五节、端阳节、重午节、菖节、蒲节、龙舟节、浴兰节、屈原日、午日节、地腊节、龙日、灯节、五蛋节等等。由于中国地域广大，民族众多，加上许多故事传说，故产生了以上众多相异的节名，各地习俗内容也不尽相同。主要有：女儿回娘家，挂钟馗像，迎鬼船，躲午，帖午叶符，悬挂菖蒲、艾草，游百病，佩香囊，备牲醴，赛龙舟，比武，击球，荡秋千，给小孩涂雄黄，饮用雄黄酒、菖蒲酒，吃五毒饼、咸蛋、粽子和时令鲜果等。

3. 体验生命整体

传统节日不但涉及精神层面，而且包括具体的礼仪、制度、行为方式等。人们在度过某些传统节日时，身心虔诚地投入一系列的仪式活动之中，与节日相关的历史典故、人文追求、吃穿住行、礼仪制度随之而来。当人以真诚的态度面对其中涉及的生命要素,真切体会传统节日中所蕴含的生命真谛,发掘自身生命的价值和意义,充分调动人的知情意行等要素时,会获得生命整体性的体验。

中国习俗

中秋节

中秋节,又称月夕、秋节、仲秋节、八月会、追月节、玩月节、拜月节、女儿节,是流行于中国众多民族与汉文化圈诸国的传统文化节日,时在农历八月十五。因其恰值三秋之半,故名。有些地方也将中秋节定在八月十六。中秋节始于唐朝初年,盛行于宋朝,至明清时,已成为与春节齐名的中国主要节日之一。受中华文化的影响,中秋节也是东亚和东南亚一些国家尤其是当地华人华侨的传统节日。中秋节自古便有祭月、赏月、拜月、吃月饼、赏桂花、饮桂花酒等习俗,流传至今,经久不息。中秋节以月之圆预兆人之团圆,寄托思念故乡、思念亲人之情,祈盼丰收、幸福,是丰富多彩、弥足珍贵的文化遗产。2006年5月20日,国务院将中秋节列入首批国家级非物质文化遗产名录。2008年,中秋节被列为国家法定节假日。

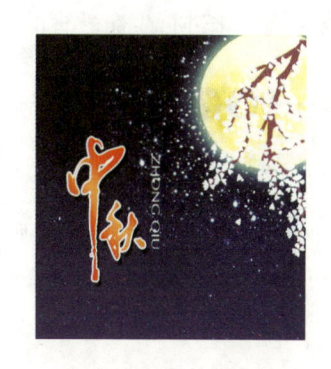

中国习俗

重阳节

重阳节,又称老人节,在每年农历的九月九日,是汉族的传统节日。因《易经》中把"六"定为阴数,把"九"定为阳数,九月九日,日月并阳,两九相重,故而叫重阳,也叫重九。重阳节早在战国时期就已经形成,到了唐代,重阳被正式定为民间节日,此后历朝历代沿袭至今。人们在庆祝重阳节时一般有登高、赏菊、喝菊花酒、插茱萸、吃糕等习俗,所以重阳节又称"登高节"、茱萸节、菊花节等。由于九月初九的"九九"谐音是"久久",有长久之意,所以人们常在此日祭祖与推行敬老崇孝活动。2012年12月28日,全国人大常委会表决通过《老年人权益保障法》,明确规定每年农历九月初九(重阳节)为老年节。

（三）当代大学生的生命意识

从古至今，人们对生命的关注一直没有改变。当前，一部分大学生出现的迷失自我、漠视生命的现象，很大程度上反映了生命意识的缺失，凸显了依托于中国优秀传统文化进行生命教育的重要性和必要性。

案例警示

毒祸猛于虎

2012年2月，哈尔滨市南岗警方抓获一伙吸毒、贩毒人员，其中，一名在校女大学生格外"突出"，其毒资竟然是靠骗男友和家人获得的。大二女生张倩（化名）来自绥远县。父亲前年因车祸一直卧床，母亲务农，弟弟上高中，家境并不富裕。2011年在男友的生日聚会中，她第一次接触到了冰毒。为购买毒品，骗了家里2700元钱。为不再"连累"家里，她有意识地结交男友，骗男友的钱供自己吸毒。当男友发现她吸毒的真相，即中断交往。没有钱吸毒，张倩就更疯狂地结交男友。她往往是同时和两三个男友交往，让他们不断提供金钱。不到一年时间里，张倩先后交了13个男友。深陷毒瘾的张倩后被警方抓获。毒品已深深影响其身心健康。"平时睡不好，有时候能睡得特别久。胃口也不好，吃不下东西。"与正常人相比，她面容消瘦、神情低迷。

近几年，大学生吸毒贩毒案激增，令人忧思。大学生不认真学习而沉迷于毒品，甚至为筹措毒资，涉嫌贩毒，面临刑拘。我国《刑法》第三百四十七条规定："走私、贩卖、运输、制造毒品，无论数量多少，都应当追究刑事责任，予以刑事处罚。"国家禁毒办发布的最新《中国毒品形势报告》显示，当前我国登记在册吸毒人员中，35岁以下青少年有148.6万人，占比59.3%，吸毒人员出现低龄化趋势。2015年新发现的未成年吸毒人数就有1.4万人。而在2016年全国抓获的19.4万名毒品犯罪嫌疑人中，未成年人有3588人，18至35岁人员有11.5万人。随着一些在年轻人中有着较大知名度和

影响力的影视明星因吸食毒品相继被捕,并受到法律制裁,毒品问题越发引起社会关注及反思。

> **心香一瓣**
>
> 因好奇而尝试禁果、无知被诱、消愁解闷、被人暗算、赌气共吸、显示富有、从众心理、对大麻危害及相关法律认识不足等都是导致大学生吸食贩卖大麻的主要原因。但从意识角度分析,对生命的漠视和不珍惜,是不可忽视的本质原因。

案例警示

网贷有风险

见到自己喜欢的包、化妆品、电子产品,没钱买怎么办?有许多手头紧张的女大学生尝试了网络贷款。在一些名为"大学生贷款"的QQ群中,拿自己的裸照和视频做抵押,向群主高息贷款。若不能按时还贷,意味着她们不仅要承担高额利息,而且抵押的裸照等资料随时可能被公布在网上。

2016年下半年,一份名为"借贷宝10G裸条压缩包"的文件在网络流传,有报道称,该压缩包以百元的价格被公然叫卖,销量火爆。借款人多为年轻女子,其中不乏高校学生。压缩包内,借款人的身份信息、联系方式及个人隐私均被泄露。澎湃新闻曾经报道过,今年20岁的大三女生王小舒(化名)是"裸条借贷"的当事人之一,因想要删去手机通话记录被诈骗公司骗走4万元后,走上了靠手持身份证拍摄裸照作为抵押去贷款的道路。曾经通过澎湃新闻亲述自己经历的她,后再度受到放贷人威胁,并被要求以卖淫还债,于是选择再次向媒体求助。短短几行聊天记录中,女生王小舒对记者提了5次想要自我了断。

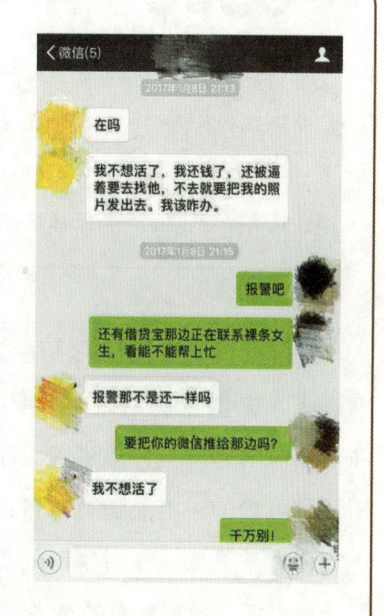

用"裸条"要挟借贷女生还款后，还将视频对外销售，甚至逼迫女生卖淫，犯罪分子想借"裸条"实现利益最大化，这无疑是对裸贷女生的二次伤害。同时，借贷人在多个平台重复借款，"拆东墙、补西墙"，最终导致利滚利，让借贷人及家庭、亲友背上沉重的债务负担。有的人内心不堪重负，导致多起离家出走、轻生案例。

心香一瓣

查禁"裸条"视频的兜售行为，是公安机关义不容辞的责任。不过，怎样才能彻底铲除这种行为呢？釜底抽薪是最好的办法。在物质、金钱和利益面前，若大学生能多一份对自我的尊重、对节操的维护、对法律的敬畏、对生命的热爱，此类伤人害己事件便可减少发生，甚至杜绝。

中国的传统文化在关注生命和人的发展的前提下，提倡重视生命，不漠视生命。首先，在对生命的态度上，儒道佛三家都认为生命是短暂和可贵的，不能随意对自己和他人的生命进行伤害；其次，在对生命的表现上，要求人们承担责任，通过自身的努力，实现人生价值；最后，把对生命的升华提升到了民族和国家的高度，在国家利益和民族利益前，牺牲小我、成就大我。中华优秀传统文化中的生命资源是中华民族精神的重要组成部分，正是这些精神成就了今日的中国。所以，将传统的生命观纳入生命教育中，取其精华，具有重要意义。

1. 珍惜自然生命

生命是人最宝贵的东西，只有生命存在才会有其他价值的创造和实现。而离开了生命这个载体，人生的各种需求都无从谈起。从社会角度看，没有个体的生命存在，社会的存在、发展及所有的历史活动就没有了主体，个体生命的存在是人类创造和实现一切价值的前提。

珍惜生命包含两方面内容：一是珍惜自我生命。一个人来到世界上，是万千种因素的结合，有此生不容易。一生中，父母和社会都为个体生命付出很多，个体没有理由不珍爱生命。二是珍惜自我生命以外的其他生命。每个人都有生存权、发展权，尊重他人生命和权利是人类社会的基本法则之一。并且，人们应将这一态度从珍惜人类生命推及珍爱其他自然生命。

生命处于普遍联系之中，万事万物共生共荣，人的存在不是孤立的，人对其他生命的关怀本质上是对自己生命的关怀，应以平等眼光看待万物，以敬畏态度善待生命。只有全社会树立起敬畏生命的意识，推崇人文关怀，鼓励接纳他人、欣赏他人，并能把这种情感扩展到社会、自然、宇宙，尊重差异、胸怀社会、敬畏自然，人的生命才会最大限度地得到保障和发展。

案例警示

花季少女的重生

2011年9月17日晚，安徽合肥16岁女孩周岩从学校回家过周末，追求她的同学陶汝坤尾随而至，求爱遭拒后，陶汝坤向周岩头上泼油并用打火机点燃。2012年5月10日，周岩被毁容案一审宣判，被告人陶汝坤因故意伤害罪被判处有期徒刑十二年零一个月。2016年3月二审判决后，周岩拿到180余万元的赔偿。

事发后，在ICU病房抢救了7天7夜，周岩才脱离生命危险。医院诊断显示，她身体多处严重烧伤，面积达28%，程度达二度、三度。命保住了，却留下一张破碎的脸，每天都会有剥皮割肉的疼。家境并不富有，周岩的治疗无法保障。直到2012年2月，一则求助帖发出后,她才得到社会的同情及经济救助,后获得了北京一家医院的免费治疗机会,接受了约9次手术,修复了19处伤痕。

2014年8月15日,在亲友鼓励下,她第一次出门学习画画。与药物治疗同期进行的,还有绘画形式的"精神治疗"。2014年夏末,周岩走出医院,学习绘画,并锻炼手部功能。医生曾建议对她右手进行截肢,但母亲坚持让医生把已粘连的手指剪开,这个坚持让周岩可以拿起画笔。在画室里,周岩重新找回了平静。

随着时间推移,周岩开始接受采访,并告诉记者不用遮挡她的画面,再回想那些切肤之痛,她表现得异常平静。这个如今已经20岁的女孩,从被烈火包围那一刻之后,从身体里面,长出了一个新的自己,状态看上去非常健康阳光。周岩说,心里就是一个信念,要活下去,刚开始是为了家人,后来是为了不让帮助她的人失望,要努力活下去。

周岩说:"不论是以前还是现在,我都值得拥有一个更好的人生","我不会放弃治疗,我需要把自己变成一个更好的人,我不应该得到这样的人生,虽然已经变成这样子,但我还想通过自己努力,去得到正常的人生。"

为了支付高昂的恢复费用与医药费,她开了一家微店,通过销售化妆品、护肤品来补贴家用,并与外界交流,也不再"挡脸"。同时她找了份代购工作,"尽可能地自食其力,最大限度减少家人负担"。用她自己的话说,"你要做最坚强的孩子,才能看见阳光"。摄影师罗洋被周岩的"乐观与调皮"打动,决定以摄影的方式,"记录她带着疤痕的青春,疼痛却真实美好的一面"。

给大学生的建议:一是学习生物学、生理学知识,了解生命的诞生、成长、衰老、死亡等自然现象。生命具有基础性、不可逆性、不可替代性、有限性,即每个人生命仅有一次,失去便无法挽回,只有生命存在,才谈得上发展、质量等问题。二是熟知保持身体健康、心理健康的知识,并善于运用。三是锻炼基本生存技能和适应环境变化的能力,提高自我保护意识及能力;懂得如何在险情下自救或救人,掌握校内安全、校外活动安全、卫生饮食安全、自然灾害防范、火灾防范等技巧，以及运动受伤、食物中毒、溺水等事故的急救应变方法。

中国经典

白鹿洞二首

其一

读书不觉已春深，一寸光阴一寸金。
不是道人来引笑，周情孔思正追寻。

其二

一上西园避暑亭，芰荷香细午风轻。
眼前物物皆佳兴，并作吟窝一味清。

——唐·王贞白

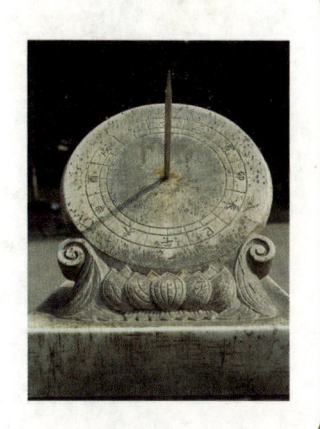

2. 激扬精神生命

精神生命，主要是指人的精神状态，是人的自然生命的超越，表现为人对理想、感情、道德、精神、信仰、价值等的追求，是人区别于动物的主要特征。人之为人，就在于人不仅仅为了自然生命而活，还要追求超越自然生命的精神生命。人不仅应该活着，而且应该有意义地活着、健康快乐地活着。生命个体通过努力不断追问生命、热爱生命，将使自我感到活得舒展、惬意，有较高的生存质量，到达更高的精神境界。教育应使个人有属于自己的理想和追求，有为实现理想而努力进取的态度和能力，这样的教育才是高质量、高层次的教育。只有激扬精神生命，才能使生物层面上的生命个体真正转化为精神层面上的独立、自由、有尊严的价值主体，即成为人。

校园故事

背对着命运奔跑的人——易慧美

江西农业大学的学生易慧美是一个来自贫苦家庭的孩子，因命运的不幸，患有先天性二级肢体残疾。她的生活有诸多不便，但更多的困难来自于周边环境。因为与别

人不同，许多人把她视为异类。陌生人会在大街上指责她，嘲笑她。上小学时，班上同学不愿和她玩，给她取外号，以取笑她为乐。甚至当她去店里吃早餐也有人来把她的早餐端走。这些确实让易慧美从小生活在痛苦中，尽管如此，她并没有向命运低头。

上幼儿园时，易慧美就自己回家。上初中时，因为距离太远，她开始学骑自行车。自行车是成人款的，对于她而言，要花更多时间学习，不知摔了多少次，每次倒下后都坚强地爬起来。遍体鳞伤之后，当她骑着自行车去上学时，同学们都不敢相信。也因此，他们开始敬佩这样一个背对着命运奔跑的人。

寒窗苦读12载，易慧美考上了大学，但学费对于她的家庭来说是一个天文数字。在国家与亲人的帮助下，她圆了大学梦。因机会来之不易，易慧美在学习上没有丝毫懈怠，取得了许多令人骄傲的成绩：取得了会计从业与初级资格证书，多次获得了专业奖学金，在大二期间获得了国家励志奖学金。在校期间她积极参加各类团学组织和实践活动。可以说，她用实际行动获得了尊重。

大学生处于求学时期，是社会化的前期阶段，其生命价值主要体现为内在价值，即内在的体能、知识、技能、品德的积累。要合理建构理想，努力做到理想与现实契合，便于自我实现，可从以下几点去砥砺自我：一是有理想、有追求。不满足于现有存在状态，试图获得更丰富的成长，对未来充满希望。二是充满青春与活力。无论对于熟悉或陌生的世界，不惧怕挑战，直面竞争，积极体验和关心生活。三是豁达的人生态度。无论顺境、逆境都能面带微笑、坦然对待。同时，注意批判两种错误倾向：纵欲主义和禁欲主义，既不过分纵欲，逃避社会责任，奉行享乐主义，把追求感性欲望的快乐作为支配行为的普遍法则，也不压抑人性，偏激地认定所有的生命之欲都是恶的。

中国经典

赋得古原草送别

离离原上草，一岁一枯荣。
野火烧不尽，春风吹又生。
远芳侵古道，晴翠接荒城。
又送王孙去，萋萋满别情。

——唐·白居易

3. 升华社会生命

生命的价值是自我价值和社会价值的辩证统一。自我价值是内在的，是个体通过实践活动满足自我发展需要的过程。社会价值是外在的，是个体通过社会实践活动满足社会和他人的需要，通过对他人、社会的责任和贡献来实现人生的意义。丰富和发展生命的内蕴，必须追求个体发展与社会发展的有机协调，以此把握生命完整价值。崇高的生命价值，并不在于寿命的延长和外表的美丽，而在于心灵的善良、人格的健全，更在于为他人和社会的贡献。人的生命只有与人民的事业联系起来，有益于社会，有益于人类进步，才会获得永生。正如臧克家所写的"有的人死了，但他还活着"。生命的崇高价值在于奉献，哪怕只给世界增添一缕光彩，增添一丝温暖，也是生命有了价值。鲁迅先生说过："我们自古以来就有埋头苦干的人，有拼命硬干的人，有为民请愿的人，有舍生求法的人……这就是中国的脊梁。"

"活着"和"有意义地活着"是两种不同水平的生命状态。事实上，人生是需要默默贡献的，生活在这个时代，社会中的大多数人都在平凡的工作和生活中默默地耕耘与付出，这样的人生依然有意义和价值，值得肯定。个人在享受前人和他人的物质及精神成果的同时，若也能做出贡献报偿他人，社会就会不断进步。作为准备干一番事业的大学生来说，要以有限的生命投入无限的奋斗历程中去，处理好个人与他人、社会、自然的关系，正确处理个性发展与社会责任的关系，用不息不止的乐观精神和积极有为的奉献精神谱写青春之歌。

> **心香一瓣**
>
> 生命教育的三层目标是一个由低到高、由浅到深、逐步实现的过程。珍爱生命目标使大学生认识到生命是人存在的基础，丧失了生命，一切目标、理想就没有意义；第二目标使大学生认识到精神生命的意义，不虚度光阴，不荒废人生；第三目标使大学生在成长的过程中，不断升华自己的理想，发挥生命最大的潜能。

升华·体验

1. 组织参观烈士陵园、妇产医院、康复中心、敬老院、医学实验室，进行相关志愿者活动、义工实践等。

2. 赏析央视纪录片《生命》，通过其中百余个自然界真实的生命故事，感悟生命神奇与伟大。

3. 举行特定节日活动，如清明节郊游踏青、祭扫先烈，端午节观看龙舟表演、举办诗会缅怀爱国先人等。

中国道理

> 春有百花秋有月，夏有凉风冬有雪；
> 若无闲事挂心头，便是人间好时节。
>
> ——宋·无门慧开禅师

当人的基本生存满足之后，审美渴求便成为生命的更高追求。生命的不同阶段，有着各种不同的美、幸福和价值，都能留下珍贵的回忆；自然界也充满生机，草长莺飞，处处都有美的感动。

工业革命以后，社会产品极大丰富，人们物质生活水平大大提高。人类在获得满足的同时，心灵问题也接踵而至。在金钱和物质的围困中，许多人对生活的目的和意义感到迷茫，人性受到压抑和扭曲，内心渺小而脆弱。优秀的中华传统文化，作为一扇窗口，能够引导人走近艺术，做一个有生活趣味的人，进而展示生命、激扬生命、完善生命。年轻人不仅应该尊重生命的存在、注重生命的安全，还应珍惜生命的美好、树立生命的个性，以青春和智慧去捕捉趣味、培养情趣。只有以兰心慧眼去欣赏多姿多彩的世界，才能深层次享受生命之趣，"诗意地栖居"。

二、视其所好，可以知人——生命的灵动与丰盈

（一）高山流水觅知音——古琴

古琴是汉民族最早的弹弦乐器，是汉文化中的瑰宝。它以历史久远、文献浩瀚、内涵丰富和影响深远为世人所珍视。湖北曾侯乙墓出土的古琴实物距今有两千四百余年，唐宋以来历代都有古琴精品传世。南北朝至清代的琴谱有百余种，琴曲三千首，还有大量关于琴家、琴论、琴制、琴艺的文献，遗存之丰硕堪为中国乐器之最。

在中国古人生活中，琴扮演着举足轻重的角色，在众乐器中，最被推崇的就是琴。文人书斋之陈设，琴亦为必备之物。至于清风明月、夜雨蓬窗、山水坐卧、清流泛舟，琴更是文人须臾不可离的伴侣。北宋古琴家崔遵度有言："先儒谓八音以丝为君，丝以琴为君。"北宋书学理论家朱长文则曰："天地之和，莫先于乐；究乐之趣，莫过于琴。"正因为如此，"琴棋书画"四大文人艺术修养中，琴居首位。隋唐时期古琴还传入东亚诸国，并为这些国家的传统文化所汲取和传承。近代古琴又伴随着华人的足迹遍布世界各地，成为西方人心目中东方文化的象征。

相关链接

古琴十大名曲

1. 潇湘水云　2. 广陵散　3. 高山流水　4. 渔樵问答　5. 平沙落雁
6. 阳春白雪　7. 胡笳十八拍　8. 阳关三叠　9. 梅花三弄　10. 醉渔唱晚

古琴，虽无急管繁弦的磅礴，也无多声部复迭的雄浑，但却具有深远绵长的艺术魅力。白居易诗曰："丝桐合为琴，中有太古声。古声淡无味，不称今人情"，又曰："我琴不悦耳，能作淡泊音。"在琴的太古声与淡泊音中，中国人物我两忘，天人合一，而这一切，正是中华文化生命中至高无上的追求。

相关链接

琴的境界

中国古人对琴的热爱，并非志在以高明琴技炫耀于众，而是追求一种精神境界，可以概括为——和、清、幽、澹、古。

"和"是中国古典美学的核心范畴。文人鸣琴，无不以物我融洽的大和谐为上乘境界。"清丽而静，和润而远"，有这样一种审美心态，琴音徐徐焉，洋洋焉，听来如鸟语花香、春风拂面，一派生机、一派和润。"和"包含着对整体性和谐的强调。"弦与指合"、"指与音和"、"音与意和"，琴者与琴"浑合无迹"，琴中之趣自生。

"清"是一种经过艺术陶冶的澄净精纯的境界。"地僻则清，心静则清，气肃则清，琴实则清，弦洁则清，如鸾凤和鸣，不染纤毫浊气。"这样的境界，令人心骨俱清，体气欲仙。不清就失去了弹琴的本原追求。

"幽"是一种含蕴无穷、具有无限生命感和宇宙感的大美意境。白居易听琴，"入耳淡无味，惬心潜有情"；司马扎夜听李山人弹琴，"曲中声尽意不尽，月照竹轩红叶明"。

"澹"意味着色调的"平淡"、情趣的"淡泊"，仿佛"松之风、竹之雨、涧之滴、波之涛"，其味"如雪如冰"。

在中国人看来，上古淳朴仁义，今人则迷醉五色五音。"古"，就是不与时风、俗流相合，"宽裕温庞，不事小巧，而古雅自见"。

心香一瓣

和、清、幽、澹、古等美学命题共同铸造了琴文化的境界，悠远的琴韵因而包含无比丰富的精神性内容。

（二）闲敲棋子落灯花——围棋

在"琴棋书画"四大文人修养中，棋占第二把交椅。这里的棋，主要指的是围棋。围棋又称"弈"。早在道家典籍《关尹子》中就有"习射、习御、习琴、习弈"之说。清代文人张潮在《幽梦影》中言："若无翰墨棋酒，不必定作人身。"历数各个朝代热衷于围棋也善弈的文人，其阵容庞大可观：如东晋谢安、谢玄、王坦之；唐代杜甫、元稹、白居易、杜牧、刘禹锡；宋代范仲淹、晏殊、欧阳修、王安石、黄庭坚、陆游、文天祥；明代高启、王世贞、王阳明、唐寅、文徵明、徐渭、吴承恩；清代吴伟业、王夫之、李渔、蒲松龄、孔尚任、郑板桥、袁枚……都是名动天下、声震后世，诗、文、书、画俱佳，具有全面文化修养的大家。宋代文人苏轼虽然不善弈，自称"平生有三不如人，谓着棋、吃酒、唱曲也"，却"闻棋声于古松流水之间，意欣然喜之"。当其子与人对弈，他坐在一旁观棋，兴致盎然，"竟日不以为厌"。宋代文人欧阳修有云："从来十九路，迷悟几多人。"在这好弈之风中，潜藏着深厚的文化历史内蕴，蕴含着中国古人的意趣和精神灵光。

苏轼曾言："纹枰坐对，谁究此味？"弈中之味究竟包含什么样的内容？第一，世事如棋。棋盘虽小，却玄妙多变，是一种智力的决胜，观棋下棋犹如览看翻云覆雨、无常变化的历史，由棋理看破世道，从棋局省悟人生。历史上许多政治家、军事家、文学家、数学家、哲学家，都对围棋颂扬备至，认为从中受益匪浅。第二，棋令人闲。"琴令人寂，棋令人闲。"当人在人世销蚀锐气，决意退入"壶中天地"、"酒里乾坤"消磨岁月时，黑白之弈确实是一条绝妙的精神退路。至静无求之闲，淡泊于世外之闲，正是从弈棋中可品尝到的韵味。而那些

身处纷扰和竞争中的人也可将围棋作为松弛紧张神经、赢得片刻安宁的方式。第三，坐隐与手谈。围棋有两个雅称，一个叫"坐隐"，一个叫"手谈"。"隐"者，隐逸也；"谈者"，谈玄也。中国古人对弈，追求清雅出尘的境界，它孤傲地摒弃世俗的一切关联，"此中无限兴，唯怕俗人知"；追求天人相交的境界，讲究默然的"心意既得"，"对坐忘言久，相攻远意深"，"共藏多少意，不语两心知"。

下棋分外讲究高雅氛围。相与弈者必须情致高雅，严禁"两相忿争"，"起忿怒之色者，小人也"。严禁翻悔混子，严禁"挟贵、挟尊、挟长、挟泼、挟惯、挟娇"。旁观者须恬静不语，不得"恣口得失，代人惊喜"，或"言虽含糊，大要点破"的泄漏天机。

东晋大臣谢弘微曾经与友人下棋，友人西南棋有死势，旁边的一位观棋者暗示道："西南风急，或有覆舟。"友人大悟，着手补救。一向"性宽博，无喜愠"的谢弘微顿时勃然大怒，把棋局掀翻作罢。后人虽评价谢弘微的行为是"钝汉"之为，但也将"漏泄军机大事"列为观棋者戒。无论是旁观者还是下棋者，均不得"腐吟优唱，手舞足蹈，观听狂惑"，扰乱人心。

对弈的环境必须幽雅脱俗。如在棋室，要疏帘清簟，竹影摇曳，棋局洁净；如在林荫，竹荫、松荫、蕉荫最雅。唐代诗人白居易诗曰："山僧对弈坐，局上竹荫清"；明代王履石诗曰："弈仙何处石枰空，细细松荫婉婉风。"安宁、静谧的夜，无论是月夜、雨夜、雪夜，都是文人对弈的绝妙时光，如唐代郑谷诗云："覆图闻夜雨，下子对秋灯"；明代学士李东阳诗曰："雪月光中夜未阑，楸枰乱落水精寒。"

> **心香一瓣**
>
> 　　古人对弈时无限幽远静穆的情景，传递出古人的高雅情怀，以及他们对无可言说的雅文化的追求。

> 中国风度
>
> ### 棋的风格
>
> 　　**冲和恬淡**——弈棋，以冲和恬淡、不战屈人的风格为正宗，胜固欣然，败亦可喜。如果兵行诡道或刚猛擅杀，就算赢得辉煌，也不入正统。对弈的输赢是一种"雅赌"。比如，唐寅"计取输赢赌买鱼"，彭孙遹与友人对弈赌荔枝，王安石与薛肇鸣下棋赌梅花诗。雅赌不关钱物，更有文人书卷气。
>
> 　　**定力深厚**——以深厚定力为根底的"静泰之风"，讲究深沉的性格涵养与强大的自制力，"胜不言，败不语，高者无亢，卑者无怯"，泰山崩于前亦镇定自若，脸不变色。宋代名将宗泽在金人入侵、都人震恐的危急时刻，从容地下棋，笑曰："何事张惶，刘衍等在外，必能御敌。"果然，须臾间强虏败归。淝水大战中的著名政治家谢安，与侄子谢玄对弈于园林中，以别墅相赌，打败敌军的战报到了，谢安看后，了无表情，下棋如故。客人问他才平缓答道："小儿辈遂已破贼。"大敌当前如此，生死关头亦如此。这些弈家的从容气魄，令人肃然起敬。
>
> 　　**清正绝媚**——清代王思任撰《弈律》，其中有一条："凡以弈谄事贵、长，巧为称颂者，杖七十；或隐忍退败有所图为者，杖一百。"明代刘璟文，曾与建文帝朱允炆对弈，璟文屡胜。建文帝半开玩笑地说："你就不能稍稍让我几分？"璟文正色回答："可让之处则让，不可让之处璟文不敢让也。"明末围棋国手过百龄，孩童时便以善弈著称。一位官大人指名与他对弈。有人悄悄教他，对弈时给大人留一点面子，百龄却道："见大官而让棋，此为寡廉鲜耻。"不媚俗，不阿时，不屈己，不求人，弈家博大刚正的胸襟，寄寓着高洁的人格理想和精神。

（三）挥毫落纸如云烟——书法

　　文字的产生，有着古老的历史。传说黄帝时仓颉作书，天雨粟，鬼夜哭。自此，中国进入有文字的文明时代。汉字产生后，最初的主要功能是实用。春秋末期，人们开始有意识地将文字艺术化或装饰化，文字开始向书法发展，并最终成为具有典型东方气质的书法艺术。中国现代作家林语堂先生说："也许只有在书法上，我们才能够看到中国人艺术心灵的极致。"书法是中国古代极为普及的、雅俗共赏的艺术形式，习书法能调神修心、健康长寿。历史上许多著名的书法大家是寿星，唐代写《九成宫》的欧阳询，活了85岁；写《夫子庙堂碑》的虞世南，活了89岁。当代书法家上海的苏局仙、北京的孙墨佛都年逾百岁。

书法的重要意义是书写心声。西汉文学家扬雄云："书，心画也。"人的丰富情感总是要借助于某种形式表达出来的，书法正是一种可以充分表达情感的形式。书法艺术的生长和发展，与中国古人的生命历程是相呼应、相融合的，古人用生命意识和文化情感创造了书法千姿百态的美。唐代书法家欧阳询讲练书法时要"澄神定虑，端己正容"，即排除杂念、荣辱皆忘、全神贯注，达到入静专一的状态。然后，意在笔先，灵活自如地运动手、腕、肘、臂，调动全身的气力，通过笔端，传送到字的点、横、竖、撇、捺和字里行间的布局之中，即所谓"以通身之气之功之力而用之"，促进血液循环，使人精力充沛。清代周星莲在《临池管见》中指出："静坐作楷书数十字或数百字，便觉烦躁俱平。"故"正书居静以治动"，说明练楷书能养气安神，消除烦躁。而隶书因其沉稳秀拔，如林泉般清幽爽神，使头痛、失眠的人气血平和，情志自调，也许，书法家长寿的原因就在于此。

虽然字的造形是在纸上，但它的神情意趣却在纸墨之外，自然环境中的一切动态自有相契合之处。诚如老子的"道法自然"、释家所谓的"一沙一世界，一叶一春秋"，天文、地理、人文，象中有道。

书法艺术得天地万物之灵秀。东汉学者蔡邕说："夫书肇于自然。自然既立，阴阳生焉；阴阳既生，形势出矣。"所以"点"如"瓜瓣"、"雨滴"、"露珠"、"高峰坠石"；"横"如"一叶横舟"、"长天战云"、"千里阵云"；"竖"如"劲松"、"千年枯藤"。书法的每一笔画都能在自然界得到印证。因此，无论是书写还是观赏书法，从某种意义上说，就是和自然相亲，与"自然之道"相通。不同性情、不同人生经历、对大自然的不同审美感悟，都可以体现在书法之中，从而形成斑斓多彩的艺术作品。东晋书法家王羲之观鹅掌拨水而得笔法，张旭观公孙大娘舞剑器而得草书之法，北宋书法家黄庭坚观渔夫荡桨而得笔势……书法家悬腕运笔,掌虚指实,快而不急,慢而不滞,捕捉到"鸾舞"之姿、"龙腾"之态,可达浑然忘我的天人合一状态。

书法同样有雅俗之分。北宋著名书法家黄庭坚说过,学书需要胸中有道义,又广之以圣哲之学,书法才可贵。如果胸中无物,即使笔墨堪与钟繇、王羲之媲美,也只是一个俗人。在这里,思想、胸怀、学问是根本,技巧并非最紧要。古代书论普遍关注品德与书法的关系。清代朱和羹在《临池心解》中写道:"书学不过一技耳,然立品是第一关头。品高者,一点一画,自有清刚雅正之气;品下者,虽激昂顿挫,俨然可观,而纵横刚暴,未免流露楮外。"

中国风度

中和之美

"中和"是中国古代文化中的重要思想观念。"中",即适中、中正,不偏不倚。"和"即和谐、协和。中国传统社会的儒释道三家都主张"中和"。这一思想传统体现在古典艺术中,便是"中和之美"。

中国古代书法追求"逸",也讲求"中和"。唐代书法家孙过庭阐述书法中的"中和之美"时说:"沉着屈郁,阴也;奇拔毫达,阳也","书要兼备阴阳二气","阴阳刚柔不可偏颇"。他又提出"违而不犯,和而不同"八个字。"违"指笔画、结体、布局等不雷同。但这种"违"又不能超出限度而互相侵害、抵触、冲突,使作品杂乱无章。多样变化的不同因素,协调统一起来,达到"和而不同"的境界,这就是中和之美的精神所在。

书圣王羲之创造了中国书法"中和之美"的高峰。其书法不激不厉，平淡冲和，负阴抱阳，温润秀雅，神韵悠然，炉火纯青，既超越北朝的粗俗，又超越南朝的柔媚，体现出情感性的优美和谐。颜真卿的书法，亦体现"中和之美"的精髓。其楷书如正德君子立于庙堂之上，衣冠庄重、气度肃穆；其行草则和而不流，威而不犯，既不同于六朝超逸优游、风行雨散的风格，也不同于张旭、怀素的惊电飞流、龙奔蛇突。王羲之的《兰亭序》与颜真卿的《祭侄季明文稿》，分别位居天下行书第一、第二的位置，是中国书法"中和之美"的典范。

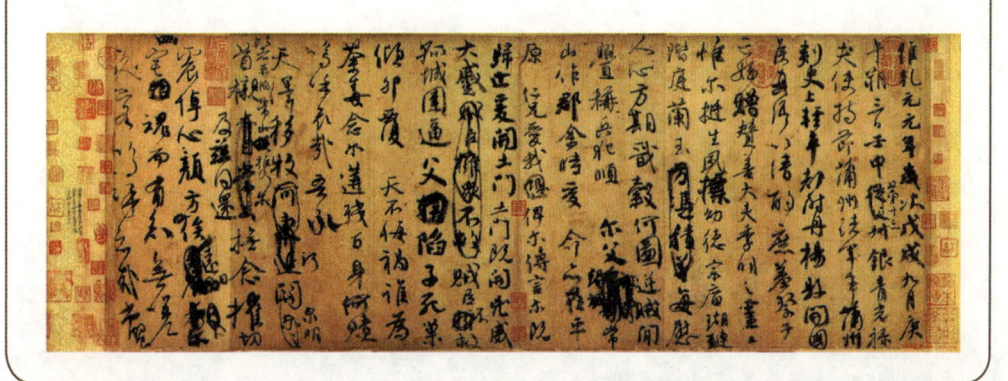

中国古代有"书如其人"之说，这是因为，在通常情况下，书法是人的心灵和情感的外化，书法和人格是联系在一起的。委琐之人，笔下难成磅礴气势；旷达之士，运笔自然豪放纵逸；清高之人，字必拙朴潇洒；屈节之人，字多媚俗流滑；胸无点墨者，则用墨无法。北宋《宣和书谱》评王安石书法时有言："岂其胸次有大过人者，故笔端造次便见不凡。"这里说的"胸次"，就是一种内在的人格，人格不凡，笔端造次亦必然不凡。所以，"李太白书新鲜秀活，呼吸清淑，摆脱尘凡，飘飘乎有仙气"，"坡老笔挟风涛，天真烂漫；米痴龙跳天门，虎卧凤阙"。

当然，"书如其人"不能绝对化。蔡京、秦桧、严嵩都是历史上的大奸臣，却又都是书法大家。虽然书法也有不似其人者，然而"书如其人"所透露出的是中国古人深刻的价值观念及文化意识。

颠张狂素

盛唐是一个大气磅礴的时代,是一个奔腾激越的时代。这个时代的情绪和情感体现于书法,便是颠张狂素的出现。

张旭的书法,以飞速流动的狂草著称。他的草书《古诗四帖》,纵笔如"兔起鹘落",奔放不羁,大有"急风旋雨之势"。当代画家吕凤子认为,书法中如"风趋电疾"、"兔起鹘落"的线条,表示的是"某种激情和热爱,或绝念"。张旭书法亦如是。张旭的书法豪壮奔放,其性格也放荡不羁。李颀《赠张旭》一诗写道:"张公性嗜酒,豁达无所营。皓首穷草隶,时称太湖精。露顶据胡床,长叫三五声。兴来洒素壁,挥笔如流星。"其潇洒风格和李白大相契合。

"以狂继颠,谁曰不可。"秉承张旭书法的怀素,笔下线条也是风趋电疾。他的《自叙帖》下笔狂怪怒张,线条电激流星,"奔蛇走虺势入座,骤风旋雨声满堂"。怀素善于运用速度,窦冀等有诗赞其迅疾:"粉壁长廊数十间,兴来小豁胸中气。忽然绝叫三五声,满壁纵横千万字";"恍恍如闻鬼神惊,时时只见龙蛇走"。可见其运笔迅疾,如旋风,如盘龙走,如激电流,通篇一百多行,一气呵成,形态纵肆,笔力千钧,迅疾骇人,造就了一种旋风骤雨、神采飞动的气势。

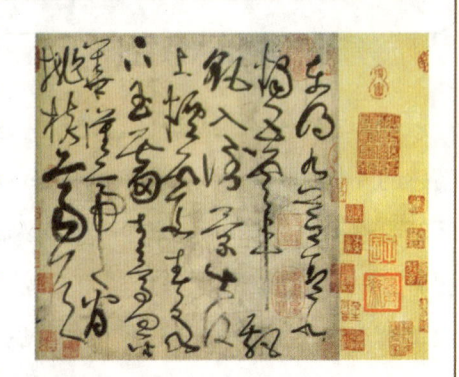

"狂来轻世界,醉里得真如。"颠张狂素以他们的激情奔泻,以及来不可止、去不可遏的草书线条的挥运,淋漓尽致地表现出盛唐阔大的时代文化精神。

(四)不着一字得风流——绘画

文人绘画,始于魏晋。魏晋以前,中国绘画是写实的、功利性的。魏晋以后,

随着文人绘画兴起，中国绘画分为两大支流，一支是功利的、写实的宫廷绘画与民间绘画，另一支则是自娱的、写意的文人画。在后来的发展中，文人画日益壮大，最后占据中国传统绘画的主导地位。

文人之绘画，一是以画养心，二是以画遣兴，三是以画写情。因此，他们不求形似，不求工致，不求实用，绘画对他们来说，只是"墨戏"而已。所以唐代王维画到兴处不问四时，以致桃、杏、芙蓉、莲花同作一景。他画的《袁安卧雪图》，竟然有雪里芭蕉。明代鉴赏家曹昭言："此乃得心应手，意到便成，难与世俗论也。"

正如书法、弹琴一样，绘画也首先讲究人格和气韵。宋代书画鉴赏家郭若虚言："人品既高矣，气韵不得不高；气韵既高矣，生动不得不至。"如果缺乏气韵，就算竭尽巧思，也只是如同画工作画，"虽曰画而非画"。他们的话语，虽然含有一定的高傲和偏见，但却真实地道出了中国古代文人绘画的精神趣味。

然而，文人之绘画，不是光有淡雅气质和深厚学问就够了，还讲究眼光和慧识。善于领悟的人，看到庭院中的一棵树，可以想象千林；面对盆中的一座小山峰，仿佛见到五岳。钝根者虽然阅历万里，笔下却无一笔生机。即使辛苦百年，也画不出好作品。所以，并不是博览山川，涉猎书史，就可以知画。唯有文化素养、艺术素养交相混融，才有文人画的诞生。中国古代文人画因此达到较高水平，就不足为奇了。

文人画讲究全面的文化修养，提倡"读万卷书，行万里路"，必须诗、书、画、印相得益彰，人品、才情、学问、思想缺一不可。在题材上多为山水、花鸟以及梅兰竹菊一类，象征淡泊宁静的隐逸生活，纯正敦厚的君子之风，清高坚贞的人格精神。文人

画注重气韵和笔情墨趣，意境隽永，耐人寻味。画格有四，即逸格、神格、妙格、能格。"盖能不及妙，妙不及神，神不及逸。"以逸品为至高境界，超越一般的艺术水准，进入更高的审美创造天地，飘逸出尘，简洁生动，得之自然，看似平淡天真，却有无与伦比的高格调。

山水画之祖王维

唐代大诗人王维被尊为山水画之祖。他长于写景画景，展示清新明朗、淡雅脱俗的静中之美，给人精神上的陶冶和身心的愉悦。苏轼赞他"诗中有画，画中有诗"。据《苕溪渔隐丛话》中记载，宋代词人秦观曾患肠胃病，屡治不愈。一日，朋友送他一幅王维画的《辋川图》，每当看到这幅山清水秀的画卷时，就仿佛进入了那迷人的画境，感到神清气爽，心旷神怡，肠胃不适的症状一扫而光。经过几日的"画中游"，秦观的病竟逐渐好起来了。

后王维辞官，归隐田园，吃斋奉佛，焚香诵经，弹琴赋诗，泛身歌咏，书画传神，禅意盎然。高深的佛教造诣和丰富的文化修养融于笔墨，纯净的能量、清凉的气息从画中缓缓散发出来，令人赏心悦目，精神舒畅。

"元四家"之首黄公望也是个修道之人，他经历坎坷，少年早慧，才华出众，因与权贵不合，后被连累入狱，50岁才得自由。他打坐修炼，画风也变得空灵超逸、苍莽沉雄。他云游七年，深得山水之韵，年近八旬时，画完了《富春山居图》，该画成就很高，被誉为"画中之兰亭"，对后世影响深远。明代书画家董其昌称，见此画便有"心脾俱畅"之感。

心香一瓣

一幅好画，能让人杂念顿消，洗尘净心，渐入佳境。可见书画家的人品、才艺、修炼的功力非同寻常，古代书画专著所讲的"定神"、"通神"、"神品"、"逸品"就是这个道理。

中国道理

苏轼论文人画

苏轼是中国历史上文人气质最为浓厚的大文豪之一。关于文人画，苏轼有较全面的论述，苏轼认为，"古来画师非俗士"，文人画有如下几个特点：

1. 写意而不是追求细节。苏轼曰："观士人画，如阅天下马，取其意气所到。乃若画工，往往只取鞭策皮毛槽枥刍秣，无一点俊发，看数尺便倦。"

2. 诗书画结合。苏轼曰："诗画本一律"，"诗不能尽，溢而为书，变而为画"。他夸奖王维的画："味摩诘之诗，诗中有画；观摩诘之画，画中有诗。"在他看来，这就是文人画的最高艺术境界。

3. 绘画中要有理想品格、理想美。"瘦竹如幽人，幽花如处女。"北宋画家文同绘竹，苏轼以竹的品格来比拟文同的节操："而况我友似君者，素节凛凛欺霜秋。"

4. 出新意于法度之中，寄妙理于豪放之外。苏轼曾论画竹："画竹必先得成竹于胸中，执笔熟视，乃见其所欲画者，急起从之，振笔直遂，以追其所见，如兔起鹘落，少纵即逝矣。"这就是意在笔先，神在法外。

苏轼自己绘画也是"笔酣墨饱，飞舞跌宕"。他自述道："我书意造本无法，点画信手烦推求。"其意趣、其追求，由此可见。

（五）洗尽古今人不倦——品茶

周作人有一篇名为《喝茶》的散文，其中写道："我所谓喝茶，却是在喝清茶，在鉴赏色与香味，意未必在止渴，然更不在果腹了。……喝茶当于瓦屋纸窗下，清泉绿茶，用素雅的陶瓷具，同二三人共饮，得半日之闲，可抵十年的尘梦。"读这段淡雅文字，一缕清芬幽雅的茶香悄然袭上心头，细细分辨，在那撩人情思的茶香中，萦绕着淡泊闲适的情趣。

茶的历史久远，《茶经》有云："茶之为饮，发乎神农氏，闻于鲁周公。"秦汉以前的茶，主要作为药用，治疗小儿无故惊厥，利小便，去痰渴热。西晋时虽然开始有饮茶者，但大多数人还不惯饮茶。"茶兴于唐，盛于宋。"唐代陆羽的《茶经》是中国茶文化的奠基之作。元代诗人方回曰："茶之兴味，自唐陆羽始。今天下无贵贱，不可一晌不啜茶……而士大夫尤嗜其品之高者。"正因如此，陆羽被尊崇为"茶神"、"茶圣"、"茶仙"。

宋代以后，茶文化日益精致，成为生活中须臾不可缺少之内容。在中国文人的心目中，茶绝非仅仅是用来解渴的饮料。品茶，是一种生活情趣，一种审美追求，一种独有的文化生活，空灵淡泊、悠雅脱俗，都可以在一杯清茶中品味得到。从择茶、择具到煎水、行茶、品茶，每一过程、每一环节都应悉心讲究，其间满盈着悠远、细腻的文化品性。

品茶最讲究"得味"，其真谛在"清"、"闲"二字。中国雅士素来看重一个"清"字，

绿茶： 我国产量最多的茶。它是一种不经过发酵制成的茶。叶片以及汤色呈绿色。贵州的都匀毛尖、湄潭翠芽以及绿宝石，皆为绿茶。

红茶： 红茶是一种经过发酵制成的茶。叶片以及汤色呈红色。红茶的茶青经过发酵，使茶叶中的茶多酚氧化，变成红色的化合物。

乌龙： 乌龙茶是一种半发酵茶。特征是叶片中心为绿色，边缘为红色，俗称绿叶红镶边。它兼有红茶的醇厚以及绿茶的清爽。

白茶： 白茶是一种不经发酵，亦不经揉捻的茶。它汤色略黄而滋味甘醇。

普洱茶： 普洱茶属后发酵茶，是以云南大叶种晒青ако经后发酵而成的散茶和紧压茶，回甘明显，醇厚韵长。

黄茶： 黄茶与绿茶相似，不同点是在制茶过程中多一道闷堆工序。

花茶： 花茶是成品绿茶之一。其制法为将香花放置在茶坯中窨制而成。最常用的香花为茉莉。

黑茶： 黑茶属于后发酵茶，汤色暗红。其原材料粗老，加工烘焙窨制时间长。湖南的安化茯砖茶是最负盛名的黑茶。

而饮茶中的"清"更至关重要。水本乃天下至清之物,茶又为水中至清之味,得一"清"字,则"口舌之味通于道",从品茶中体味到清雅的情趣。饮茶环境讲究幽静雅致,在山壑间、松竹潭涧旁,汲泉煮茗,"清芬满杯,云光潋滟",情趣盎然,茶室、茶具的摆设,也务求清雅脱俗。明代官员陆树声在《茶寮记》中描述小园中所设茶室:"窗明几净,有客来,童子生炉,茶香袅绕,出茶具,捧茶而至,颇有远俗雅意。"清饮,以客少为贵。明代文学家陈继儒在《茶董小序》中有言:"独饮得茶神,两三人得茶趣,七八人乃施茶耳。"

至于"闲"字,若一杯清茗在手却忙不迭地一饮而尽、灌浆下肚,自然无半点雅致情趣,借《红楼梦》中人物妙玉的话来说,这种"不暇辨味"的饮茶不是解渴的蠢物,就是俗不可耐的驴饮。鲁迅说:"有好茶喝,会喝好茶,是一种清福,不过,要享这清福,首先必须有功夫。"这里所说的"有功夫"正是脱去了匆忙、紧迫的悠闲怡情。

心香一瓣

有了"清"与"闲"二字的饮茶,自然尘心洗尽,物我两忘。

中国故事

茶禅一味

中国茶文化的形成,得益于禅宗甚多。唐代禅宗大盛,而淡泊微涩的茶能清心、提神、去杂、生精,因此,禅僧们"人自怀茶,到处煮饮"。有的僧人甚至"惟茶是求"。这一风气转相效仿,遂成风俗,而身处禅悦之风中的文人士大夫是最先受影响者。

真正从坐禅饮茶中体味到茶禅一味、茶禅相通境界,道出茶禅真谛的,还是夹山善会和尚。一日,夹山和尚问师父:"如何是夹山境地?"师答曰:"猿抱子归青嶂岭,鸟衔花落碧岩泉。""夹山境地"真正的含义,是夹山和尚从饮茶中所领悟到的禅机、禅理或禅意、禅境。即一种清寂明净、纯洁秀美的情趣；一方自由自在、无拘无束的心灵家园；一种因茶悟禅、因禅悟心、茶心禅心、心心相印的境界。因此，茶禅一味，意味着禅味与茶味在兴味上是相通的。禅宗讲究清心自悟，而茶清通自然，淡泊高洁，饮之使人恬静清寂，明心见性。

品茶如参禅，其中趣味，只可意会不可言传。据《广群芳谱·茶谱》记载：有两位僧人从远方来到赵州，向赵州禅师请教如何是禅。师问："新近曾到此间么？"曰："曾到"，师曰："吃茶去"。又问一僧，答曰："不曾到"，师曰："吃茶去"。后院主问曰："为甚么曾到也云'吃茶去'，不曾到也云'吃茶去'？"师唤院主，院主应诺，师仍曰："吃茶去"。禅的修证，在于体验和实证，语言表达无法与体验相比。参禅和吃茶一样，是冷是暖，是苦是甜，禅的滋味，别人说出的，终究不是自己的体悟。所以，万语千言不如"吃茶去"三字。一句"吃茶去"，一碗"赵州茶"，最玄妙也最平常，道尽禅道和茶道的共同精神——崇尚自然，随缘任化，返璞归真，净化心灵。

中国古人饮茶，十分精致细腻。而择水与烹茶，也是其中重要的环节。

首先，讲究用水。陆羽把天下水分为二十等，以楚水第一，晋水最下。宋徽宗赵佶在《大观茶论》中提及："水以清轻甘洁为美。"古人称为"天泉"的雨水、雪水也因甘冽或冷冽成为文人喜爱的煎茶用水。

水的煎煮得掌握一定火候，细致入微。若火力过于文，则水性柔，柔则水为茶降；过于武则火性烈，烈则茶为水制，皆不足于中和，非茶之道也。陆羽《茶经》有"三沸之汤"的说法：水初沸时，有鱼目大小的气泡泛出，并发出风吹松树之声。二沸时，缘边的水像涌泉一样翻滚不停，水泡如连珠一样不断上冒。三沸时，水声大作，水面如波涛翻滚。其中，二沸是恰到好处的加茶时刻，若到三沸之时，水便"过老"而"不能食"。平平常常的"煎水"与"候汤"在文人笔下充满了艺术色彩，其间蕴含的细腻情趣意味深长。

> **中国故事**
>
> ### 王安石辨水考苏轼
>
> 北宋政治家王安石老年因操劳过度，患有痰火之症，虽然服了药，但见效不大，听说用长江瞿塘中峡水煮阳羡茶可根治他的顽疾。好友苏轼是四川人，有次回老家，王安石嘱托他："你要是有空，帮忙带一罐中峡水，那么我以后的年岁就都是你帮我延续的了。"哪知喜爱舞文弄墨的苏东坡贪恋欣赏三峡美景，直到船行至下峡时，才忽然想起王安石所托汲水之事。只因当时水流太急，船回溯无望，无奈只取了一瓮下峡水以冒充之。当王安石用此水烹茶品味之后，便直言道："东坡兄，此水绝非瞿塘中峡之水。"并解释道，上峡水性太急，下峡水性太缓，惟中峡水性缓急相间，故以三峡水泡阳羡茶时，上峡味浓，下峡味淡，惟中峡浓淡适中，最宜医治痰火之症。苏轼听后愧疚，敬佩不已。

茶具的外观讲究雅韵怡人。如唐代以后流行瓷制茶盏，小巧玲珑，挺拔秀丽，给人一种轻盈、俊逸、灵活、爽快的美感，一反汉代粗劣茶碗的笨重沉闷。明代以后出现的茶具"以小为贵"。壶中最著名的是江苏宜兴茶壶，其色泽古朴，造型别致，或"温润如君子"，或"风流如佳客"，或"飘逸如仙子"，或"廉洁如高士"。令人爱不释手的茶具往往多有精妙装饰。文人常用镌刻手法在茶具上题字作画，这些诗、书、画，清雅淡远，使茶具更显雅致。

（六）我见青山多妩媚——寄情山水

我国是世界上地域辽阔的国家之一。在纵横广阔的国土上，有波涛汹涌、奔腾不息的长江，有远上白云间的黄河；有"造化钟神秀，阴阳割昏晓"的泰山；有"气蒸云梦泽，波撼岳阳城"的洞庭；有"千里莺啼绿映红"的江南景色；有"瀚海阑干百丈冰"的塞外风光……从东到西，从南到北，从城市到乡村，从中原到边城，处处风景如画。传统文化中，人与山水有不解之缘。"登临山水，经日忘返"；"每游山林，弥旬忘返"；"登山则情满于山，观

海则意溢于海"。山水给予中国人太多的灵感与情思，中国人给予山水无限的深情。国土上不仅有美不胜收的自然风景，还有丰饶富足的天然资源、历史悠久的文物古迹、丰富多彩的民情风俗，随处都可以激发情感、丰富知识、开阔视野。

中国人对山水的热爱，始于先秦。《论语》载：孔子让侍从弟子"各言其志"。曾皙曰："暮春者，春服既成，冠者五六人，童子六七人，浴乎沂，风乎舞雩，咏而归。"夫子喟然叹曰："吾与点也。"《庄子·知北游》云："山林与，皋壤与，使我欣欣然而乐与！"儒道两家之巨子，对山水之情感可谓一往情深。汉代士人对山水的体认更加深化。对他们来说，逍遥于山水间开始成为一种情趣，一种人生态度。

这种美好情怀在魏晋时期有新的发展。魏晋人"以玄对山水"，发现山水蕴含着与"道"相通的"神明"。他们的自足之乐、逍遥之趣、无言之美、素朴之秘，均可在山水中体悟到，山水因此在魏晋人的面前展开一个全新的观照。西晋文学家左思诗曰："岂必丝与竹，山水有清音。"王羲之于兰亭聚会时写下"一觞一咏，亦足以畅叙幽情"。这些言词，无不洋溢着一种对自然之美的新鲜活泼的浓酽情感。典型体现中国文化意趣的山水画、山水诗也在这个时期成形。自此，山水情怀凝结成中国人文化生命中不可分割的一部分。无论是弃绝尘世、遁迹山林，还是积极出世、治国平天下，山水风光都是重要的情感源泉和人生伴侣。

中国经典

春则花柳争妍，夏则荷榴竞放，
秋则桂子飘香，冬则梅花破玉。

——南宋·吴自牧《梦粱录》

春山烟云连绵，人欣欣；夏山嘉木繁阴，人坦坦；
秋山明净摇落，人肃肃；冬山昏霾翳寒，人寂寂。

——北宋·郭熙《林泉高致》

春山如笑，夏山如怒，秋山如妆，冬山如睡。

——清·恽田云

夕阳中的鸡犬、静卧田野的牛羊、拾薪涧底的青裙妇、依杖檐下的白发翁、秋日中的机杼声、淡淡暮霭下的墟里烟——这些事物虽然平常至极，却蕴藏着意味深长的人生境界，与身俱化于这种境界，人的心灵获得极大的审美享受。南宋诗人方岳的《山居》一诗将这种氛围描写得淋漓尽致："我爱山居好，红稠处处花。云粘居士屐，藤覆野人家。入馔春烧笋，分灯夜作茶。无人共襟抱，烟雨话桑麻。"在这样的生活中，人看山、听水，迷恋于晨旭与夕照之景，欣赏"尤不可言"的月影之美，"俯仰终宇宙，不乐复何如"。

心香一瓣

古代文人对山水之美的品赏可谓至纤至微。一阵清风，一朵白云，一滴晨露，一抹赤霞，一片迷雾，一天飞雪，都可激起遐想，那无以计数的珠矶诗篇凝结着对山水自然的一往情深。"衣上征尘杂酒痕，远游无处不消魂"，这就是中国古人深铭于心的山水情怀。

中国故事

悠然见南山

在中国文化史上，陶渊明有"千古隐逸诗人"之称。陶渊明之隐逸，是"不为五斗米折腰"，挣脱束缚个性的羁绊，回归自然。他自述这一段经历说："少无适俗韵，性本爱丘山。误落尘网中，一去三十年。羁鸟恋旧林，池鱼思故渊。开荒南野际，守拙归田园。方宅十余亩，草屋八九间。榆柳荫后檐，桃李罗堂前。暧暧远人村，依依墟里烟。狗吠深巷中，鸡鸣桑树颠。户庭无尘杂，虚室有余闲。久在樊笼里，复得返自然。"诗中透出了他复归田园的由衷喜悦。

陶渊明生活在山水田园中，亲身感受到山水田园的质朴和伟大，他以冲淡洒脱的笔触，描绘了麦苗、月亮、春燕、归鸟、青松、秋菊、孤云、庭院、乡间小道等山水田园景物，绘制了东篱南山、青松奇园、秋菊佳色、日夕飞鸟、犬吠深巷、鸡鸣树巅等优美静谧的田园风光图。他笔下的山水田园，充满了

无限意味："结庐在人境，而无车马喧。问君何能尔，心远地自偏。采菊东篱下，悠然见南山。山气日夕佳，飞鸟相与还。此中有真意，欲辨已忘言。"在人闲逸而自在、山静穆而高远的境界中，达到了物我相融、心与道冥的极致化境。历代文人追慕陶渊明，正在于他把净洁自处、率性任真的理想品格发扬到令人难以企及的高度。

有所成就的古代学者，多有或长或短的游历过程，且因此获益匪浅。

首先，他们在游历中见到了不少新鲜事物。西汉史学家司马迁曾在20岁时做了一次全国大游历。每到一处，他总要察看历史遗迹，访问当地的父老长者。如在游历齐鲁时，他瞻仰了孔子的庙堂、车服、礼器等遗迹，观察在孔子遗风影响下，儒生们按时习礼的情景；游历到彭城，他听取了许多关于汉高祖刘邦和同僚们的传说故事；游历到大梁，他特地去凭吊了信陵君"窃符救赵"故事中的夷门……可见，《史记》之所以能够把历史人物及事件写得有声有色，同游历是不可分的。

唐代诗人杜甫在二十多岁游历吴越一带，赴金陵，登瓦官，下姑苏，游剡溪，饱览名胜古迹。江左本是南朝文物的中心，前人的绘画、瓦官阁的建筑，都使杜甫感到"神妙独难忘"。经过游历，不仅让他欣赏了江南的秀丽山水，开阔了眼界，对其文学修养和艺术鉴识能力的提高，也有极大促进作用。

其次，在游历途中寻访值得学习之人。明代徐霞客是著名的游历家。他的游历有两个特点。一是爱收集奇书。他在旅途中发现过去没见过的书，即使囊中羞涩，典当了衣服也要买下，亲自背回。他的藏书盈箱充栋，一半是在游历中得来的。二是爱结交奇人。他遇到人口稠密的市集总要去走一遭，为的是结交奇人。凡是他认为品格高尚、有一技之长的人，必定登门拜访，恭敬作揖。由此，他得到了广泛的学习机会。

游历山水不仅可丰富知识，扩大眼界，还可验证知识。明代医药学家李时珍为完成《本草纲目》，博览群书，畅游四方。李时珍是湖北蕲州人，除了游遍湖广一带的原野山谷外，还到过江西庐山，江苏茅山、牛首山，以及安徽、河南、河北等省盛产药材的地方。游历中，他仔细观察各种药用植物，遍访老农、渔夫、樵夫、猎人……通过实践印证，发现以往医药著作中有不少错误，如葳蕤和女萎是两种植物，被并入一条；南星和虎掌是同一种药物，却被分为两种……都根据亲历研究的结果作了订正。

心香一瓣

从中国古人的经验中可以体会到，千里之外的事物与耳目之前的事物都不容忽视。"行万里路"的同时，重视观察、细致研究能够帮助我们丰富知识、扩大眼界、开阔心胸。年轻的小伙伴们，带着对世界的憧憬，出发吧！

中国风物

山水品题

中国古人游赏自然山水时，往往为山水景观欣然题名。杭州西湖自唐以来遐迩闻名，那清波涟漪的一泓碧水，苍翠浓郁的起伏山峦，相映成趣的湖光山色，构成"天开图画"的绝美世界。自南宋以来，文人开始为西湖题名。南宋有"苏堤春晓、平湖秋月、花港观鱼、柳浪闻莺、双峰插云、三潭印月、雷峰夕照、南屏晚钟、曲院风荷、断桥残雪"等"西湖十景"的题名；元代有"六桥烟柳"等"钱塘十景"题名；清代更有"默林归鹤"等十八景题名。这些富于诗情画意的题名或巧写景色，或抒发性灵，或深化意境，或诉诸审美，山水自然之美因此更富魅力和价值，人则在与山水俱化的过程中获得精神与人格的永恒。

（七）一花一木总关情——爱花赏花

"为爱名花抵死狂。"在中国人的心目中，对花的喜爱难以释怀。苏轼爱花，"只恐夜深花睡去，故烧高烛照红妆"。北宋诗人梅尧臣爱海棠，"朝看不足夜秉烛"。南宋文学家陆游赏花，"贪看不辞夜秉烛"。明末清初文学家李渔以花为命："春以水仙、兰花为命，夏以莲为命，秋以海棠为命，冬以腊梅为命。无此四花，是无命也。"

因为爱花，文人中多有被奉为花神者。屈原因"既滋兰之九畹，又树蕙之百亩"，被奉为兰花花神；陶渊明首开品菊之风，又留下许多咏菊名句，被奉为菊神。正是因为爱花，文人以花入诗，以花入词牌名、曲牌名、戏剧名，中国文化史因而平添了花的烂漫、多彩、美丽和芬芳。

人爱花，源于人与自然同源、同类的观念，认为花也有喜怒哀乐，有心智和良能，有感悟和情义。正因为如此，中国古人在对花木的观照中，往往流露出非同一般的情愫，在花木中看到了君子，也看到了小人，更看到了自己人格化的品格，进而倾心交好，携之为友，待之如宾。对于那些心怀隐逸之想的文人，泉石花竹更是澄怀观道、寄寓人格理想的对象。正如明代袁宏道所言："夫幽人韵士，屏绝声色，其嗜好不得不钟于山水花竹。夫山水花竹，名之所不在，奔竞之所不至也。"山水花竹，与世无争，是幽人韵士的最好选择。

于是，许多文人与花相亲相近，孕育出无以计数的美丽故事和诗篇。

中国故事

梅妻鹤子

林逋，字君复，生于公元967年，卒于1028年，浙江钱塘（今浙江杭州）人。杭州孤山之阴，放鹤亭之南，曾是林的故居，依岩结屋，下临后湖，和宝石山隔水相对，十分清雅。

据《宋史》记载，林逋自幼才华过人，但他不做官，不经商，不娶妻，独钟情于山水。壮年时曾经离开过家乡，"放游于江淮之间"，后回到杭州，选定西湖的小岛孤山为隐居之地，与他相伴的是梅花和白鹤，生活淡泊安逸，自得其乐。宋真宗慕名诏见，林逋婉言谢绝。仁宗有感于其高洁操行，赐号"和靖处士"。

> 和靖爱梅如痴。绕屋依篱种梅，高高下下，直到湖边，依山傍水延伸开去。其咏梅诗高妙至极，《山园小梅》最为脍炙人口："众芳摇落独暄妍，占尽风情向小园；疏影横斜水清浅，暗香浮动月黄昏。"写尽了梅花神清骨秀、高洁端庄、幽独超逸的风韵，被视为咏梅诗之千古绝唱。和靖也酷爱鹤。他驯养的两只白鹤，纵之则飞入云霄，盘旋久之，复入笼内。有客至，白鹤便起舞助兴。当他出外归来，鹤必引颈相迎。他称鹤为"鹤子"，并取名为"鸣皋"，名出《诗经·小雅·鹤鸣》的"鹤鸣于九皋，声闻于天"。传说林和靖死后，他养的鹤在墓前悲鸣而死。

中国古代文化看重"五伦"，"五伦"之一是"朋友"。"君子与君子以同道为朋"。孔子告诫弟子，"益者三友：友直、友谅、友多闻"。文人将这种人伦关系透射到自然界中，在花中发现了可与他们相通相亲的"花友"。

苏轼有著名的"三益之友"说："梅寒而秀，竹瘦而寿，石丑而文，是为三益之友。"宋人刘黻（fú）有六友诗："静友，兰也；直友，竹也；净友，莲也；高友，松也；节友，菊也；清友，梅也。"明代无名氏杂剧《渔樵闲话》称："松、竹、梅花，岁寒三友。"

其实，花的这些雅号，并非人的一时兴起，随意加封，而是和花的天然气质和特征有密切关系。例如，梅不畏寒冻，傲雪迎春，且暗香浮动，气韵静逸，所以被引为"岁寒友""清友"。兰，以香名世，其芳气氤氲浓郁，却又纯正不邪，溢荡悠长，幽幽不绝，就近嗅之，如吸甘醇。早在春秋初期，兰花已有"国香"之称，又有"王者香""香祖"等别称，文人因此引为"幽客"。牡丹花容瑞妍，花色绚丽，用"富丽堂皇""雍容华贵"等赞辞形容，被引为"贵客"。

古人以花为友，从中得到道德上的感

应。正如张潮《幽梦影》中言："梅令人高，兰令人幽，菊令人野，莲令人洁，春梅令人艳，牡丹令人豪，蕉与竹令人韵，秋海棠令人媚，松令人逸，桐令人清，柳令人感。"在与花的同气相求中，物我两忘，获得精神的超越。

（八）自信人生二百年——强身健体

在漫长的历史中，健康长寿一直是人们追求的美好愿望，这是对生命的恒久热爱。相对于世界其他地区的养生文化而言，中华民族的养生理论与实践因以古代哲学和中医基本理论为底蕴，尤为博大精深。它汇集了我国劳动人民防病健身的众多方法，糅合了儒、道、佛及诸子百家的学术精华，堪称充满勃勃生机和浓厚东方神秘色彩的智慧之树。

养生一词最早见于《庄子·养生主》。所谓生，是生命、生存、生长之意；所谓养，指生育、调养、积蓄。养生，指调养人体生命以达长寿，是根据生命的发展规律，达到保养生命、健康精神、增进智慧、延长寿命的目的的科学理论和方法。

中华养生产生于上古先民为抗御严酷的自然环境、调整体力、防治疾病的需要。据马王堆医学史料记载，"尧问于舜曰：'天下孰最贵？'舜曰：'生最贵'。"这充分反映出我国古代延续到今的"贵生"思想，即对生命的崇敬。因为对生命的崇敬和对死亡的恐惧使得人类社会对健康长寿的追求成为一种本能性追求。对个人而言，健康是人存在发展的基础，没有健康，一切都等于零。对于国家而言，它是一个社会问题，

中国经典

生命箴言

知者乐，仁者寿。

——《论语·雍也》

人与天地相参也，与日月相应也。

——战国《黄帝内经》之《灵枢》

仁人之所以多寿者，外无贪而内清净，
心和平而不失中正，则天地之美以养其身。

——汉·董仲舒《春秋繁露》

直接关系到社会经济的发展、综合国力的提升、民族生命力的旺盛。

中国养生学是自然科学和社会科学交叉的产物,其理论体系具有双重特征,与中国古代哲学存在着千丝万缕的关系,与传统医学也血肉相连。作为一种焕发着勃勃生机的文化现象,其在数千年历史进程中,形成了自己的特点:形神兼顾,养神为先;虚静养神,凝神益智;顺乎自然,物我合一;养生与养性、治国相统一;客观因素与主观努力并重。

中国人物

陆游的长寿秘诀

作为宋朝高产诗人,陆游一生写了两万多首诗。之所以能写这么多诗,除了其才华横溢,还有更重要的原因,那就是:活得久!据史料记载,他实际寿命为八十五岁,是宋朝最长寿的诗人。然而,年少时的陆游却体弱多病,参加科举考试时,曾因病体难支而提早交卷。那么,年轻时身体差的陆游又如何能活到高寿呢?

陆游中年投身军旅生活,后便开始健身习武。练了两年,竟能一箭射穿天上的大雕,甚至杀过猛虎。晚年时的陆游有种新的健身方式:长啸。何谓长啸?有点像吹口哨,但又不同于今日吹口哨。古代的长啸要吹得长、吹得响、有韵律,它是种高雅严肃、充满技巧的养生手段。那么,这个啸是怎么一个动作呢?要领有三点:打开身体;深呼吸;吹出节奏感。长啸可以增强肺活量,放松身心,保持愉悦。陆游就是借助长啸摆脱了疾病困扰。当被问及长寿秘诀时,陆游以诗句回复:"玉函肘后了无功,每寓奇方啸傲中。"(读再多医书,服再多草药,到头来还是长啸对我最有效。)

他还非常推崇弯腰健身法,认为弯腰可使肢体屈伸,气血流畅。其方法很独特,将锻炼融入日常家务劳动中。他每天细致地打扫庭院的每个角落,无数次弯腰,无数次起立,使得周身气血调和,身体舒畅。他还在散步时不断弯腰拣石子,代替按摩和导引。80岁后,他依然精神饱满、气色红润、关节灵活。

传统养生方法有以下一些内容:

调畅神志。中医学认为,"怒伤肝"、"喜伤心"、"思伤脾"、"忧悲伤肺"、"恐伤肾",

若任其发展，可能危及生命。许多养生家创立了保持精神愉悦、心理健康的"情志"调畅养生法，如精神内守、舒畅情绪、排泄忧闷、积极有为和涵养道德等。

运动躯体。中医养生理论认为机体的运动与静止是对立统一的，因此积极的保养方式莫过于适度运动躯体。运动养生的方法很多，如五禽戏、八段锦、十二段锦、太极拳等。

中国形象

华佗与五禽戏

五禽戏，是通过模仿虎、鹿、熊、猿、鸟（鹤）五种动物的动作，以保健强身的一种气功功法。相传是中国古代医家华佗在前人的基础上创造的，故又称华佗五禽戏。五禽戏能治病养生，强壮身体，是一种外动内静、动中求静、动静具备、有刚有柔、刚柔相济、内外兼练的仿生功法，与中国的太极拳、日本的柔道相似。

适应环境。春秋时期，老子明确提出了"顺乎自然"的养生观。《黄帝内经》确立了"顺四时，适寒暑"的具体养生方法。后代养生家发展出一系列实用的适应环境养生法，如适应四时节令养生法、适应昼夜晨昏养生法、适应地理环境养生法等。

调理饮食。食疗对人体具有调和阴阳、滋养脏腑、补益气血、调节情感等作用。《黄帝内经》中就记载有食疗的药方，经后世研究，逐渐形成具有鲜明民族特色的饮食保健原则和实用的食物调理方法，主要包括食素为主、荤素结合，食勿过饱、熟知食性、四时食养等。

气功修炼。传统养生认为，气是生命之根本和动力，具有"抗邪防病"的功效，而气贵在运行不息、升降有常。因而有"吐纳"、"炼气"、"服气"等气功修炼的方法，力图通过修炼者发挥主观能动作用，调身、调息、调心，达到思想入静，以发挥人体生理潜能，提高抗病能力，增强体质。

> **中国人物**
>
> ### 苏轼的养生习惯
>
> 宋代大诗人苏轼的健身方式是长跑，他觉得，唯有经常运动，才能强身健体，适应四季变化。苏轼在给朋友程正辅的信中曾提到：每天都要跑五公里，跑的呼吸太过急促之时就稍微慢点儿，等呼吸平稳再继续加速，直到满身大汗，周身发热，血脉流通，四肢舒畅。
>
> 苏轼长跑时是很注重"气"的。所谓"气"，是指维持生命活动的最基本能量。提起气功（即一种通过深长呼吸来调神的锻炼方法），苏轼可是"头号粉丝"。他早上长跑，夜间则静心宁坐，将周身的气都充分调动起来。在写给朋友张安道的信中他曾提到，练了一二十天气功，身子骨就硬朗了，长此以往，说不定哪天就成仙了呢。
>
> 苏轼还推崇劳动，崇尚在风霜雨雪、夏暑严寒中锻炼体魄。他自己动手开荒，种了几十亩地，遇到大旱，就带领全家一起抗旱。田间的辛苦耕作，使得筋骨和体魄得到了极好的锻炼，不仅身体健康，极少生病，更获得了精神享受。

大学生大多二十岁左右，正处在风华正茂的年龄，经过十几年的寒窗苦读，终于迎来了比较自由的大学生活。同时，大学生群体虽然在身体发育上已经步入了一个较为成熟和稳定的阶段，但心理成长却处于一个走向成熟但还未真正成熟的过渡阶段。处于这一阶段的大学生刚刚走出父母的庇护，意气风发，想做很多自己喜欢的事情，却难以协调好学习、生活、人际交往之间的关系，因此身心健康常会出现各种问题。1949年联合国世界卫生组织在其成立之时公布的章程中指出："健康不只是没有身体上的疾病和虚弱状态，而是躯体、心理和社会适应都处于圆满状态。"

> **心香一瓣**
>
> 据相关报道，大学生的身心健康障碍发生率呈逐年上升趋势，身体上和心理健康方面的意外事件层出不穷。大学生们可以从传统文化中有趣而风雅的生活态度及方式中寻找借鉴，享受生命之趣，让自己的生活灵动而丰盈。

相关链接

建议您改变的八个生活习惯

1. 久坐不动
2. 不吃早饭，饮食不规律
3. 肉多蔬少，饮食结构不合理
4. 出门打车，上下楼坐电梯
5. 长期熬夜，经常吃夜宵
6. 平常自我感觉良好，小病扛，大病拖
7. 经常喝咖啡、吸烟
8. 所有的事自己扛，不会适当梳理心情

升华·体验

1. 赏析古琴曲，品味中国茶。在课余时光，选择古琴名曲进行赏析，分别写下听完后的感受，再进行交流。

2. 练习毛笔字，赏析中国画。购买毛笔、宣纸和字帖，通过教师指导或观看视频，临摹名家书法，选择喜欢的文人画进行赏析，体会书画美感和意境。

3. 游历祖国山水，写首古诗词。利用假期到一处风景优美的自然景区游玩，并将见闻或感受写成一首诗词。

中国故事

  伯牙善鼓琴,钟子期善听。伯牙鼓琴,志在高山。钟子期曰:"善哉!峨峨兮若泰山!"志在流水,钟子期曰:"善哉!洋洋兮若江河!"伯牙所念,钟子期必得之。伯牙游于泰山之阴,卒逢暴雨,止于岩下;心悲,乃援琴而鼓之。初为霖雨之操,更造崩山之音。曲每奏,钟子期辄穷其趣。伯牙乃舍琴而叹曰:"善哉!善哉!子之听夫志,想象犹吾心也。吾于何逃声哉?"

——选自《列子·汤问》

  俞伯牙和钟子期的友谊是一段千古传诵的佳话。伯牙善于演奏,钟子期善于欣赏。后钟子期因病亡故,伯牙悲痛万分,认为这世上再也不会有知音了,天下再不会有人像钟子期一样能体会他演奏的意境。所以,伯牙挑断琴弦,把心爱的琴摔碎,终生不再弹琴。俞伯牙和钟子期的故事彰显了深厚的情谊和知音的珍贵。明代小说家冯梦龙根据这个传说创作的《俞伯牙摔琴谢知音》收在"三言"的《警世通言》中。

三、嘤其鸣矣，求其友声——生命的吸引与和谐

（一）见贤思齐，贵在知心

朋友是指在特定条件下，与双方都认可的认知模式联系在一起的，不分年龄、性别、地域、种族、社会角色和宗教信仰等，相互尊重、相互分享美好的事物，可以在对方需要的时候自觉给予力所能及的帮助的人，其最高境界是知己。友情就是这种人与人之间深刻持久的友好关系。

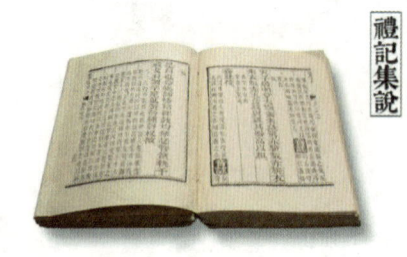

中国经典

发然后禁，则扞（hàn）格而不胜；时过然后学，则勤苦而难成；杂施而不孙，则坏乱而不修；独学而无友，则孤陋而寡闻；燕朋逆其师；燕辟废其学。此六者，教之所由废也。

——《礼记·学记》

这段话阐述了"教之所由废"即教学失败的六种原因。分别为：问题发生之后再设法禁止，则学生会产生强烈的抗拒心理而没有效果；错过了最佳的学习时机，即使更勤奋刻苦也难以奏效；教学杂乱无章，不能循序渐进，学生学习就会陷入混乱而难见成效；独自冥思苦想而没有学友间的相互切磋，就会学识浅薄、见闻不广；与品行不端的人交往，就会沾染一些坏习气进而违逆师长的教诲；平时总谈论不正经的事情，就会使学业荒废，难有所成。

其中，"独学而无友，则孤陋而寡闻"，这句话实际上更多的是从学生一方来说的，强调了同学之间交流切磋、相互取益的重要性。成语"孤陋寡闻"即源于此。孔子说："三人行，必有我师焉。"好朋友是你了解外部世界的桥梁，也是你不断完善自己的标尺。一个人学习，不接触外部世界，好比闭门造车，是行不通的；只有互相学习

交流，察纳雅言，才能弥补自身缺憾，获得更多知识，避免孤陋寡闻之弊。

> **中国故事**
>
> ### 三个臭皮匠赛过诸葛亮
>
> 话说有一天，诸葛亮到东吴作客，为孙权设计了一尊报恩寺塔。其实，这是诸葛亮先生要掂掂东吴的分量，看看东吴有没有能人造塔。那宝塔要求可高啦，单是顶上的铜葫芦，就有五丈高，四千多斤重。孙权被难住了，急得面黄肌瘦。后来寻到了冶匠，但缺少做铜葫芦模型的人，便在城门上贴起招贤榜。时隔一月，仍然没有一点儿下文。诸葛亮每天在招贤榜下踱方步，高兴得直摇鹅毛扇子。那城门口有三个摆摊子的皮匠，他们面目丑陋，又目不识丁，大家都称他们是丑皮匠。他们听说诸葛亮在寻东吴人的开心，心里不服气，便凑在一起商议。他们足足花了三天三夜的工夫，终于用剪鞋样的办法，剪出个葫芦的样子。然后，再用牛皮开料，硬是一锥子、一锥子地缝成一个大葫芦的模型。在浇铜水时，先将皮葫芦埋在砂里。这一着，果然一举成功。诸葛亮得到铜葫芦浇好的消息，立即向孙权告辞，从此不敢小看东吴了。"三个丑皮匠，胜过诸葛亮"的故事，就这样成了一句寓意深刻的谚语。

人在社会中不是孤立的个体，社会是人与人之间的各种网络交织在一起的整体。由人际关系构成的群体有多种类别，其中，以血缘关系为纽带的群体与以友情为纽带的群体这两类是可以互相兼容的。但是，有血缘关系的不一定可以成为真正的朋友，真纯的朋友关系能超越无朋友感情的血缘关系。古人常以"物以类聚，人以群分"来形容人与人之间的关系。因此，朋友之情贵在知心，是纯洁、高尚、朴素的感情，交友是一种互相了解、互相认可、互相欣赏、互相仰慕的过程。人们通过朋友这面镜子，可以了解自己是谁、自己需要什么样的朋友。纯洁的友情带来的是超脱功利的、纯粹的快乐。

中国故事

你多么需要他那点草莽精神！

曹禺（1910—1996），我国著名剧作家，被誉为"中国的莎士比亚"。黄永玉（1924—　），著名画家、作家，他设计的猴年邮票和酒鬼酒包装家喻户晓。

这两位同时代的忘年交艺术大师，生平关系不算过度亲密，若不是因为1983年的一次书信往来，他们的友谊仅以君子之交便可带过，不会传为艺林文坛上关于艺术批评与自我批评的佳话美谈。

1983年3月20日，在历经劫难重逢后，性格刚直、执着于艺术又固守原则的黄永玉，因为惋惜曹禺的才华，给他写了一封充满忠直之言的信。因黄永玉相信，曹禺年轻时曾写出像《雷雨》《日出》《原野》《北京人》等不朽剧作，后来却没什么像样的作品，这是一个剧作家的悲凉。他告诫曹禺："你多么需要他（美国剧作家阿瑟·米勒）那点草莽精神。"黄永玉毫不掩饰地表达对曹禺的仰慕之情，"我爱祖国，所以爱你"；更在信中诤诤直言："你是我的极尊敬的前辈，所以我对你要严！我不喜欢你解放后的戏，一个都不喜欢，你心不在戏里，你失去伟大的通灵宝玉，你为势位所误！从一个海洋萎缩为一条小溪流，你混在不情愿的艺术创作之中，像晚上喝了浓茶清醒于混沌之中。"

曹禺接信后，如领受当头棒喝，把信视若珍宝，夹在相簿里反复翻看，还叫来妻女和他一同阅读，最后他把那用毛笔写就的9页长信装裱起来，挂在墙上，时刻提醒自己。十三天之后，曹禺回了黄永玉一封长信感谢他："你鼓励了我，你指责我近三十余年的空洞，'泥淖在不情愿的艺术创作中'。这句话射中了要害，我浪费了'成熟的中年'，到了今日——这个年纪，才开始明白。""但愿迷途未远，还能追回已逝的光阴……"但此时的曹禺年事已高，身体受疾病所困，再攀"高山"最终成了他后半生未竟的心愿。

已逝的光阴未必都能追回，但两位大师之间的坦率和真诚，却永远值得人们怀念。

（二）平等真诚，宽容互助

1. 平等

平等原则是人际交往的前提条件。人生而平等，都有生存与思考的权利。由于地域的差别与社会分工的不同，每个人的发展方向与职业选择也不同。但是，不论出身于何种家庭，来自何处，人的人格是平等的，不应有贵贱之分。这一认识，应该是交际处事和待人的理论基础。

平等待人，尊重他人，也是获得他人信任的起点。没有平等待人的观念意识，就不可能与他人建立良好的交往关系。那些不懂得尊重对方的做法，不会产生良性的交往效果。离开起点，友谊谈何建立？有位哲人曾说过，不懂得尊重别人的人就不会得到别人的尊重。心理学家认为，人人都有自尊的需要。所以，只有互相尊重，友谊才能赖以生长和巩固。

相关链接

交友称谓

至　交：友谊最深的朋友。

世　交：称世谊，泛指两家世代交情。

布衣交：彼此没有做官而结交的朋友。

贫贱交：穷困潦倒时结交的朋友。

忘年交：打破年龄、辈分的差异而结为好朋友。

忘形交：不拘形迹缺欠或丑陋，结成不分你我的朋友。

君子交：指道义之交，即在道义上相互支持的朋友。

莫逆交：指彼此心意相通，无所违逆的朋友。

刎颈交：指友谊深挚，可以同生死，共患难的朋友。

患难之交：同经磨炼而成为的朋友。

一面之交：仅仅相识，但不甚了解的关系。

在此，对于传统文化的吸取是要辩证看待的。在封建社会，长幼之分、贵贱之别都是严格的。但是善于取友的人却能置年龄的悬殊于不顾，于是就有所谓的"忘年交"。如三国时的孔融与祢（mí）衡就是"忘年交"。当孔融已经四十岁时，祢衡才二十岁。孔融认为祢衡"淑质贞亮，英才卓跞（luò）"，便把他视为知己。善于取友的人也能置"贵贱"的悬殊于不顾。如后汉时蔡邕（yōng）与建安七子之一的王粲（càn）就是如此。蔡邕当时才学显著，很受朝廷重视，许多有名的学者常在他家里聚会，门前常年车如流水马如龙，把整个巷子都填满了。当蔡邕听到王粲在门口时，慌忙出来迎接，把鞋子都穿反了。当看到走进来的王粲原来是一个年纪很轻、衣着寒碜的小伙子，在座的宾客都很惊奇。这时，蔡邕郑重地向大家介绍道："这位朋友有杰出的才能，我不如他。"

凡是善于交友的人，大多抱着虚心平等的态度。有一次，明代思想家顾炎武到了济南，在街上闲逛，偶然听到有人在谈儒家典籍《仪礼》，引起了他的注意，不觉驻足倾听。只听得那人侃侃而谈，见解精辟，条理清楚。他大为惊奇，赶紧向旁人打听这人的身世。原来这人是当地的一位塾师，名叫张尔岐。他的父亲被清兵杀害，他怀着亡明之恨和丧父之痛，立志不做官，精研学问，有很深的造诣。于是，第二天一早，顾炎武就登门去拜访他，同他讨论《仪礼》，谈得十分投机，颇有相知恨晚之感。从此，两人成了亲密的朋友。后来，顾炎武在《日知录》中谈到有关《仪礼》的问题时，便采用了张尔岐的意见。

2. 真诚

对朋友应该像对亲人、恋人一样，重感情，讲真心，不能一味地追求利益。孔子对朋友的态度是："朋友死，无所归，曰：于我殡。"朋友去世，旁人认为已经没有利用价值，但孔子还是愿意为朋友出殡，这里讲究的就是情谊和真心。

在中国传统文化中，与朋友交往的真诚还体现在守信用，诚实对待朋友，如一诺千金、一言九鼎，否则即违背"五常"（仁、义、礼、智、信），受到世人的唾骂。古往今来，诚实守信已成为交友的重要原则和标准。

中国故事

季札挂剑

春秋时期，吴国的季札出使各国，路过"徐国"（今徐州），徐国国君非常喜欢季札的佩剑，但未出口索求，季札欲将剑赠给他，但出使任务未完，佩剑不能离身。所以他想等回国时再将剑相赠。但是等他归来再次路过徐国时，徐国的国君已然谢世，季札大悔，就来到国君的墓前，将剑挂在墓前的树上。这就是春秋时期"季札挂剑"的故事，君子之间的"诚信"可见一斑。

中国故事

鸡黍之交

东汉时期，书生张元伯和范巨卿是一对好朋友。二人到京城同游太学，约定两年之后的某月某日，范巨卿到张元伯家拜见张母。两年后的约定到期之日，张元伯请母亲杀鸡煮黍，准备招待巨卿。张母说："时过两年，地隔千里，他今天一定会来吗？"元伯说："巨卿是我的好朋友，他说过的话不会失信。"就在这一天，范巨卿果然如约来到了张家，升堂拜母，鸡黍为餐，尽欢而散。

从春秋时期齐国的"管鲍之交"，到战国时代赵国廉颇和蔺相如的"刎颈之交"，从钟子期和俞伯牙的"知音之交"，到东汉时期张元伯和范巨卿的"鸡黍之约"，再到三国时期刘关张三人的"生死之交"，在中国几千年的灿烂历史中，许多诚挚守信的朋友之间，心灵相通，肝胆相照，患难相扶，荣辱与共，演绎出许多感人的故事，谱写出无数优美的篇章。这些故事中的人物对朋友那种坚贞守信、矢志真诚的精神，无不焕发出美妙的人性风采。

心香一瓣

诚信是一种美德，它可以使生活环境变得更美好；诚信是人与人之间的纽带，它可以让人们更加亲近，成为朋友；诚信是一种语言，它可以让朋友间彼此信任，互相了解。

莫逆之交——白居易与元稹

唐宪宗元和四年（公元809年），元稹奉使去东川，白居易身居长安，与亲友在酒席上忆念元稹，信手写下《同李十一醉忆元九》："花时同醉破春愁，醉折花枝作酒筹。忽忆故人天际去，计程今日到梁州。"虽是偶然动念，随笔成篇，却以极其朴素浅显的语言，表达了极其真挚深厚的情意。而白居易对元稹行程的计算可谓精准，此时的元稹正在梁州，写了一首《梁州梦》："梦君同绕曲江头，也向慈恩院院游。亭吏呼人排去马，所惊身在古梁州。"若将二人诗作结合起来看：一写于长安，一写于梁州；一写居者之忆，一写行人之思；一写真事，一写梦境，却俱写于同一天，使用同一韵，如此心有灵犀，断非泛泛之交所能及。

元和五年（公元810年），元稹因弹劾不法官吏被贬为通州司马。无独有偶，元和十年（公元815年），白居易因得罪权贵，被贬为江州司马。两地相隔虽远，命运却把两颗心连得更紧，难兄难弟自顾不暇时，仍彼此牵肠挂肚。当元稹听到白居易被贬的消息时，黯然写下《闻乐天授江州司马》："残灯无焰影幢幢，此夕闻君谪九江。垂死病中惊坐起，暗风吹雨入寒窗。"惊讶之情与凄凉之意溢于言表。元稹的谪居生涯很是凄苦，意绪消沉，千里之外，唯有好友白居易与他互通音讯，因此写下《得乐天书》："远信入门先有泪，妻惊女哭问何如。寻常不省曾如此，应是江州司马书。"

在交通与通讯极不发达的年代，可谓"家书抵万金"，怎能不让人潸然泪下？在黯淡无光的岁月里，唯有与挚友唱酬来往，唯有借诗作互诉衷肠，才能安抚自己那颗伤痕累累又日渐消沉的心。古人有云："以利相交，利尽则散；以势相交，势败则倾；以权相交，权失则弃；以情相交，情断则伤；唯以心相交，方能成其久远。"显而易见，元白便是以心相交的典范，经受住了重重考验，无坚不摧。"虽骨肉未至，爱慕之情，可欺金石"，这是元代文人辛文房在《唐才子传》中对二人关系的评点。

> **心香一瓣**
>
> 锦上添花易,雪中送炭难。如果说在一帆风顺时所缔结的友谊略显单薄,那么当朋友的人生陷入低谷时,依然不离不弃的,便可印证"患难见真情"这句老话了。

古人不仅重视朋友间的关心和帮助,而且重视朋友对自己过失的规劝,在品德上相互砥砺,这也是一种真诚相待的表现。

三国时吴国的吕岱和徐原是好朋友,徐原很有才能和志气,性格率直,不喜欢绕弯子,讲话直截了当。吕岱有了过失,徐原总是不客气地批评他。有人看不惯徐原这种率直的态度,便在吕岱面前议论。吕岱说:"这正是我看重徐原的地方啊!"后来,徐原去世,吕岱哭得很伤心,他说:"徐原是我的益友,不幸早死,从今而后,我还能从哪儿听到自己的过失呢?"

> **中国经典**
>
> 夫以铜为镜,可以正衣冠;以古为镜,可以知兴替;以人为镜,可以明得失。朕常保此三镜,以防己过。今魏徵殂逝,遂亡一镜矣。
>
> ——《旧唐书·魏徵传》
>
> 大唐贞观谏臣魏徵是正直为人的表率。正因为他没有私心,做事公正,对人真诚,赢得了唐太宗对他的尊敬。所以在魏徵死后,太宗痛哭,亲自撰写碑书。

东晋名士祖士言是个"棋迷",常用下棋来排解"有志不得酬"的愁闷,因此荒废了不少时间。他的朋友王处叔规劝说:"夏禹惜寸阴,足见时间之宝贵。现在天下倾覆,许多旧事都因为没有记载下来而泯灭了。你小时候生长在京都,年长游宦四方,国家大事你都历历在目,何不把它记述下来呢?国史可以明确地表达自己对于国事得失的看法,你又何必用下棋来排解愁闷呢?"祖士言接受了王处叔的意见,以后便致力于"披阅文史"。

宋代的寇准与张咏是好朋友。张咏认为"寇公奇才，惜学术不足"。有一次在两人分别的时候，寇准特地问张咏："你有什么话赠给我呢？"张咏说："《霍光传》不可不读。"寇准一下子还弄不明白，回来翻开《霍光传》来读，看到上面有关于"不学无术"的话语，恍然大悟道："这就是张咏对我的规劝啊！"以后寇准便更加发愤地读书。

3. 宽容

宽容是人类生活中至高无上的美德，也是朋友相处过程中重要的原则。宽容是一种博大精深的境界和意境，是人的涵养，是处世的经验，是待人的艺术，是为人的胸怀。它能包容人世间的喜怒哀乐，能融化心头的冰霜，使人生跃上新的台阶，让情感得到进一步的升华，而缺乏宽容，则将使人的视野变得局促狭小，彼此的关系走入僵局。

在交友过程中，宽容朋友，就是在朋友犯错时不一味地讽刺朋友，而是原谅朋友、帮助朋友，并帮其改正错误。与别人为善，就是与自己为善；与别人过不去，就是与自己过不去。只有宽容地看待人生、体谅他人，才可拥有轻松、自在的人生，收获欢乐与友爱。

案例警示

因关灯引发的血案

四川华新现代职业学院女学生阳阳（化名）是独生子女，要强、倔强，和宿舍同学的关系一直不太好。2013年11月17日晚11时许，宿舍熄灯后，其他同学都上床睡觉了，阳阳一人在阳台洗头。下铺同学小倩（化名）出来上厕所，将厕所的灯关了。由于厕所和宿舍的灯都关闭，因此阳阳只能在漆黑之中将头发洗完。几分钟后，憋了一肚子气的阳阳冲进宿舍与小倩发生争吵。几番推搡后，阳阳抓起桌子上的水果刀，向小倩脸部、胸部等处刺了8刀。经

鉴定，小倩的损伤程度为重伤，伤残等级为九级。

2014年4月，龙泉驿法院认为，阳阳刀刺小倩，且连续刺了数刀，说明她有伤害的故意性，而且作案手段不同一般，不适用缓刑。检察官表示，虽然阳阳是初犯自首，且负部分刑事责任，但她的行为导致小倩毁容，造成了十分严重的后果。因此，龙泉法院当庭宣判，判决阳阳犯故意伤害罪，判处有期徒刑两年半。

在此案例中，一张如花的面庞被毁，一个年轻的灵魂背上了枷锁，双方家长难以释怀，一个简单原因引发的后果让人唏嘘不已。若当事人遇事多一些宽容和体谅，多一分冷静和包容，年轻的生命应会焕发出原本该有的光彩。

宽容是一种无声的教育，以"责人之心责己，恕己之心恕人"，要取得别人的宽恕，首先要宽恕别人。尽管这种态度和行为不求回报，但是美好的品质总会在恰当的时机显露它的价值，更让人感动。倘若对别人的错处一味挑剔、斥责，只会更加令人反感，甚至可能激起逆反心理。古语"将军额上能跑马，宰相肚里能撑船"、"忍一时风平浪静，退一步海阔天空"、"海纳百川，有容乃大"说的都是这个道理。

当然，宽容绝不是听之任之，更不是怯懦、放纵。忍让并不是不要尊严，而是成熟、冷静、理智、心胸豁达的表现。有句老话说得好："吃亏者长在，能忍者自安。"所谓忍，不是忍气吞声，而是一种包容大度；退，不是因为害怕，而是虚心谦让。

中国故事

负荆请罪——廉颇与蔺相如的故事

战国时，赵国宦者令缪贤的门客蔺相如，受赵王派遣，带着稀世珍宝和氏璧出使秦国。他凭着智慧与勇气，完璧归赵，得到赵王的赏识，被封为上大夫。后来，秦王又提出与赵王在渑池相会，想逼迫赵王屈服。蔺相如和廉颇将军力劝赵王出席，并设巧计，廉颇以勇猛善

战给秦王以威压，蔺相如凭三寸不烂之舌和对赵王的一片忠心使赵王免受屈辱，并安全回到赵国。赵王为了表彰蔺相如，封他为上卿，比廉将军的官位更高。

这下廉颇可不乐意了，他认为自己英勇善战，为赵国拼杀于前线，是第一大功臣，而蔺相如只凭一张嘴，居然官居自己之上。他很不服气，决心好好羞辱蔺相如一番。蔺相如听到这个消息，便处处回避与廉颇见面，到了上朝的日子，就称病不出。有一次，蔺相如有事出门遇到廉颇，廉颇命令手下用各种办法堵住蔺相如的路，蔺相如只好回府。廉颇更得意了，到处宣扬这件事。蔺相如的门客们听说了，纷纷提出要回家，蔺相如问为什么，他们说："我们为您做事，是因为敬仰您是个崇高的君子，可现在您居然对狂妄的廉颇忍气吞声，我们受不了。"

蔺相如听了，哈哈一笑，问道："你们说是秦王厉害还是廉颇将军厉害，我连秦王都不怕，又怎么会怕廉颇呢？秦国现在不敢来侵犯，是因为我和廉将军一文一武保护着赵国，作为赵王的左膀右臂，我又怎能因私人的小小恩怨而不顾国家社稷的安危呢？"廉颇听说后，非常惭愧，便袒胸露背背着荆条向蔺相如请罪。从此，他们成了同生死共患难的刎颈之交，齐心协力为国效力。

心 香 一 瓣

蔺相如三让廉颇是宽容，诸葛亮七纵孟获是宽容，鲍叔牙不计前嫌举荐管仲也是宽容。这些豁达的胸怀被载入史册，至今熠熠生辉，折射着人性的光芒。

4. 互助

大学生交朋友的意义之一，是丰富课余生活，有益于思想和学习的进步。与志趣相投、情操高尚的人交朋友，可以从对方身上学到许多有益的东西。在朋友的激励和影响下，自己也会不知不觉地进步。健康高尚的友谊，不仅会为生活增添欢乐使人格性情得到熏陶，而且还能助人获取战胜困难的知识、勇气以及蓬勃向上的力量。

一个人做学问，在自己钻研的基础上，不仅要依靠老师的教育指点，还需要朋友的帮助。《学记》云："独学而无友，则孤陋而寡闻。"《论语》亦云："学而时习之，不亦说乎？有朋自远方来，不亦乐乎？"这句话中，第一句说的是独自学习，第二句说的是互相学习。孔子把朋友之间的相互学习看作是一种快乐,这对今日学子是大有启发的。关于朋友之间的相互学习,古人喜欢引用《诗经·卫风》上的"如切如磋,如琢如磨"来形容。这两句诗的意思是:"君子的自我修养就像加工骨器,切了还要磋;就像加工玉器,琢了还得磨。"朋友间的相互学习,正有这样一种精益求精的作用。

中国经典

投我以木瓜,报之以琼琚。
匪报也,永以为好也。
投我以木桃,报之以琼瑶。
匪报也,永以为好也。
投我以木李,报之以琼玖。
匪报也,永以为好也。

——《诗经·卫风·木瓜》

在我国历史上,有一定学识基础的学者,因为朋友的帮助取得更大成就的例子不胜枚举。在科学方面取得杰出成就的,如东汉的张衡,他制作了浑天仪,发明了候风地动仪,完成了天文学著作《灵宪》,对世界科学的发展作出了伟大贡献。这些成就与他朋友的帮助是分不开的。张衡在青年时代就有很多知己朋友,如扶风的马融、平陵的窦章、安定的王符、涿郡的崔瑗等,都是当时有才能的青年。特别是崔瑗,少年时就学习过天文、数学、历术,张衡经常与他在一起研究问题,交换心得。张衡能进一步研究天文、物理等科学,受了崔瑗不少的影响。

中国故事

顾炎武与朋友

明末清初的大学者顾炎武,曾经写了《天下郡国利病书》,这本书之所以在水利方面有较高的科学价值,在很大程度上得益于朋友的帮助。顾炎武在江南结交的朋友耿桔,就是一个对水利很有研究

的人。耿桔在常熟做知县时，曾先后开浚了福山塘和奚浦，他还写过一部《水利全书》，对于如何根据田地高低来决定蓄泄，如何根据水系来进行开浚，都有周密详尽的规划。来自朋友的心得给了顾炎武以极大启发。

唐代大诗人白居易曾批评"嘲风雪，弄花草"的作品，系统地提出了进步的诗歌理论，主张"文章合为时而著，歌诗合为事而作"。这种理论形成与挚友元稹密不可分，二人经常相互交流。元稹主张"自非有为而为，则文不妄作"，批评了当时诗坛上"好古者遗近，务华者去实"的风气。两人看法的基本一致，是他们"同笔砚"、"无姑息"，共同讨论诗歌、推敲文字、相互学习、相互影响的结果。

中国故事

一字之师郑谷

晚唐期间，湖南一位自号衡岳沙门的诗僧齐己写了一首《早梅》诗，携去江西宜春的仰山，向诗友郑谷求教。诗中有一联云："前村深雪里，昨夜数枝开。"郑谷看后说："'数枝'非'早'也，未若'一枝'佳。"说罢就将"数枝开"改为"一枝开"。齐己听他这么一说，又见他这么一改，深为佩服，"不觉下拜"，惊叹改用"一"字之妙，即称郑谷为"一字师"。从此，郑谷这个"一字师"的盛名便广为传扬，一直流传至今。

古代读书人在一起研讨学问，往往到了废寝忘食的地步。相传东汉学者尹敏和班彪讨论问题常是"日旰（gàn）忘食"；晋代学者孙盛与殷浩切磋热烈，以至"食冷而复煖（xuān）者数回"。我国古代非常赞美这种学习上的相互切磋，说是："听君一席话，胜读十年书。"

校园故事

互勉互励共前行　且学且思铸成功

　　武汉大学一对学霸情侣2014年毕业前同时被美国数所知名大学录取。武大学子纷纷点赞称：相互激励，充满正能量。这对学霸，说的是该校经济管理学院金融工程2014届本科毕业生饶子健和袁定一。饶子健先后收到了康奈尔大学等9所美国名校的录取通知，袁定一收到芝加哥大学等6所美国名校的录取通知。两人决定同时选择在全美金融工程专业排名第一的卡内基梅隆大学读研。

　　二人都觉得彼此是对方进步的源动力。袁定一在分享英语学习经历时透露："找个同伴进行口语互练、作文互改很有必要。我和子健就是这样互帮互助。"饶子健在参加卡内基梅隆大学的面试时，预约的是深夜两点半，但一直等到凌晨五点半才参加面试。"她一直在旁陪伴、支持、鼓励我，让紧张情绪得到了缓解。"

　　"觉得他们两个人非常合拍，互相监督，生活学习很有规律"，"两人只要没课就相约图书馆。在周末和期末考试周的时候，如果想找他们俩，去图书馆准没错。真心很羡慕他们，一起努力、一起奋斗、一起向前"，这些都是身边同学的评价。武大学子崔明懿为这对学霸情侣点赞："他们没有因为爱情耽误学业，反而为共同未来一起奋斗，正能量十足。"武大经管学院官网也专门刊文，以"优秀毕业生风采"之名赞扬两人是"互勉互励共前行、且学且思铸成功"。

　　传统文化中有许多诗文写出了朋友之间相互切磋的愉快。如东晋陶渊明在《移居》诗中写道："邻曲时时来，抗言谈在昔。奇文共欣赏，疑义相与析。"杜甫在《春日忆李白》一诗中抒发了他对李白的深切怀念，满怀深情地说道："何时一樽酒，重与细论文。"唐代诗人张籍在《祭退之》一诗中追忆他和韩愈相处时的情形写道："出则连辔（pèi）驰，寝则对榻床。搜穷古今书，事事相酌量……为文先见草，酿熟偕共觞。"朋友之间推心置腹，在学习的道路上携手前进，这就可以更加容易地克服艰难险阻，共同攀登学术的高峰。

中国故事

春树暮云

唐天宝初年，年逾四十的李白与而立之年的杜甫在山东鲁郡不期而遇。一个诗仙，一个诗圣，都已名闻天下，旅途相逢，兴奋异常，切磋诗文，游山玩水，狂歌豪饮，互表衷肠，最终成为至交挚友。后因故分别，不仅书信频繁往来，且诗中多唱和、相赠之作，尤其杜甫《春日忆李白》一诗，更把二人友谊升华到空前高度。诗云："白也诗无敌，飘然思不群。清新庾开府，俊逸鲍参军。渭北春天树，江东日暮云。何时一樽酒，重与细论文。"这就是成语"春树暮云"的由来。

中国故事

马钧与傅玄

三国时魏国的马钧是优秀的机械工程师，发明了指南车、新式绫机和龙骨水车等，对于当时社会生产力的发展起了一定的推动作用。在试验的过程中，好友傅玄给了他极大的支持。那时的统治者对于马钧的工作不重视，一再加以阻挠，不给他试验的机会。傅玄在朝廷的关键人物中宣传，反复说明马钧所从事的创造性工作的意义和正式试验的必要。马钧是一个专务实际、不善言辞的人。有一次，地图学家裴秀和马钧辩难，裴秀以口才敏捷胜过马钧；马钧不加辩解，裴秀便自以为已得其要理。这时，傅玄便对裴秀说："你长于言谈，短于技术；马氏长于技术，短于言谈。以你的所长来攻击马氏所短，则其势不得不屈。此外，以你所不十分理解的，甚或是不能理解的东西来和人家辩论，人家倒真有点莫名其妙了。这样谈下去，势将越说越远。马氏心里虽不以为然，但是口里讲不明白，因此，他就不答辩了。"傅玄的这番说明使裴秀消除了对马钧工作的怀疑和误解，争取了更多的人对马钧工作的理解和支持。

"幼而学，壮而行"，在完成事业的过程中，朋友的支持往往能起很大的作用。尤其是遭遇阻力和危机之时，朋友的支持尤显可贵。因此，古人常引用《诗经》上的"嘤其鸣矣，求其友声"来说明需要朋友支持的迫切心情。

相关链接

交友礼仪

头次见面用"久仰",很久不见用"久违"。
认人不清用"眼拙",向人表歉用"失敬"。
请人批评用"指教",求人原谅用"包涵"。
请人帮忙用"劳驾",请给方便用"借光"。
麻烦别人用"打扰",不知适宜用"冒昧"。
求人解答用"请问",请人指点用"赐教"。
赞人见解用"高见",自身意见用"拙见"。
看望别人用"拜访",宾客来到用"光临"。
陪伴朋友用"奉陪",中途先走用"失陪"。
等待客人用"恭候",迎接表歉用"失迎"。
读人文章用"拜读",请人改文用"斧正"。
问人姓氏用"贵姓",回答询问用"免贵"。

(三)审慎择友,珍惜友谊

古人曾告诫我们:"君子先择而后交,小人先交而后择,故君子寡尤,小人多怨","匹夫不可不慎取友",可见,如何认识和选择朋友,是十分重要的人生课题,交朋友要慎重。"近朱者赤,近墨者黑",这句话生动地说明了谨慎交友的重要。一个人的朋友如何,对自身发展会起到很大作用,并且是一种潜移默化、深远持久的影响。

交友不仅要广取慎选,还应坚持正确的择友标准。孔子曰:"与善人居,如入芝兰之室,久而不闻其香,即与之化矣。与不善人居,如入鲍鱼之肆,久而不闻其臭,亦与之化矣。丹之所藏者赤,漆之所藏者黑,是以君子必慎其所处者焉。"

明代学者苏浚在他的《鸡鸣偶记》中把朋友加以分类，写道："道义相砥，过失相规，畏友也；缓急可共，死生可托，密友也；甘言如饴，游戏征逐，昵友也；利则相攘，患则相倾，贼友也。"在此，他首次提出了"道义相砥，过失相规"的畏友的概念。韩愈的朋友张籍也是一个"畏友"。他曾经一再写信给韩愈，批评他在讨论时不能虚心听取别人的意见和喜欢赌博的缺点。韩愈回信中有言："当更思而悔之耳"，"敢不承教"。

中国经典

染于苍则苍，染于黄则黄。所入者变，其色亦变。五入必而已则为五色矣。故染不可不慎也。

——《墨子·所染》

墨子说，他曾见人染丝而感叹说："丝染了青颜料就变成青色，染了黄颜料就变成黄色。染料不同，丝的颜色也跟着变化。经过五次之后，就变为五种颜色了。所以染这件事是不可不谨慎的。"

关系再好的同学、朋友也可能产生矛盾，其原因是多种多样的。有时，是别人误会了自己；有时，确实是自身错误造成的。遇到这种情况，我们首先要做的是严格要求自己，认真反省自己的行为。发现错了，勇于承认，并及时改正。然而，有时，我们与朋友之间关系紧张起因于朋友的错误。在这种时候，得体的做法是反躬自省、严于律己，同时，宽以待人、珍惜友谊。

中国故事

化干戈为玉帛——冯友兰与梁漱溟的故事

哲学家冯友兰与梁漱溟是好友。当年，梁漱溟曾给冯友兰讲过《印度哲学》。梁漱溟出版《东西方文化及其哲学》后，在美留学的冯友兰给梁漱溟写了一封三千字的信，提出自己的意见。梁漱溟很感动，将此信收藏了六十年，足见二人诤友情深。

不过，两人的友谊也有出现裂痕的时候。1973年，冯友兰发表了一些"批孔"的文章。梁漱溟看到后很生气，认为冯友兰违背了原则，立场不坚定。1985年，冯友兰九十大寿，他的女儿宗璞按照父亲的意思，打电话请梁漱溟光临，梁漱溟回信批评了冯友兰当年"批孔"一事，并拒绝了邀请。

对此，冯友兰不仅没有生气，反倒觉得梁漱溟很直率，随后给他寄去了自己的《三松堂自序》一书，并附信道歉："来书直率坦白，甚为感动，以为虽古之遗直不能过也，故亦不自隐其胸臆耳……"梁漱溟收到书信后，见老友意识到"应该实事求是，不应该哗众取宠。写文章只能写实际见到的，说话只能说真想说的"后，改变了态度，主动回信表示希望见面。1985年12月24日，冯友兰来到梁漱溟家中相聚。这次见面，气氛友好，两人相谈甚欢。梁漱溟还特意将自己的著作《人心与人生》送给冯友兰，并亲题赠言。

面对好友的"绝情"和直言批评，冯友兰没有心存芥蒂，而是虚心接受，并作了深刻的自我批评。冯友兰诚恳的态度，自然也赢得了梁漱溟的谅解。这种主动化干戈为玉帛的行为，折射出一种宽容的观念、珍惜的态度。

中国经典

益者三友，损者三友。友直，友谅，友多闻，益矣。友便辟，友善柔，友便佞，损矣。

——《论语·季氏》

孔子说：有益的朋友有三种，有害的朋友有三种。同正直的人交友，同诚信的人交友，同见闻广博的人交友，是有益的。同惯于走邪道的人交友，同善于阿谀奉承的人交友，同惯于花言巧语的人交友，是有害的。

人人都希望自己交上的朋友是德才兼备的人，但是，这绝不等于朋友个个都必须完美无瑕、做人处事永远正确。"金无足赤，人无完人。"要知道，生活中，一点缺点也没有的朋友是永远找不到的。在一个集体中，有人先进，有人后进；先进者会有缺点，后进者也不见得没有优点，这才符合客观事实。古人云："水至清则无鱼，人至察则无徒。"如果一个人对朋友要求太高，像容不得眼中的沙子一样，容不得朋友一星半点的过失，他将会没有朋友。对于有缺点的朋友和同学，不应该横眉相向，鄙视疏远，断绝往来，而应诚恳直言，晓之以理，耐心帮助，这才是真正的待友之道。

中国道理

交友礼仪

朋友间的交际礼仪：

诚实、愉快、意气相投、机智、仁慈、倾听、乐于助人

朋友间的交往禁忌：

朋友犯错时，只知道嘲笑和指责；答应替朋友保守秘密，但转身就告诉别人；对朋友不能以诚相待；经常捉弄朋友；交友过于注重外表；不愿听朋友说心事；没有听懂朋友的意思时，就会发脾气；若朋友和自己意见不同，立即争吵；明明是自己错了，还要争辩；当朋友遇到困难的时候，逃避、装作不知道。

升华·体验

1. 给你最好的朋友写一封信。
2. 深刻地剖析自己的优点和不足，写一篇日记。

第三篇

开创未来之路

序 言

  未来，是最具吸引力的字眼。通往未来之路千万条，哪一条走向光明？《离骚》有云："路漫漫其修远兮，吾将上下而求索。"人的一生应执着于对真理的追求，在认识和实践的碰撞中接近理想，"虽千万人吾往矣"。

  开创未来之路，不仅需要良好的生活习惯和人文修养，更需要正确的观念、专业的知识和技能。学校和社会是学习的平台，就业与创业是立业的途径。深谙学习的重要性，扬弃前人的学习态度及方法，海纳百川，活学活用，即为就业热身、为创业积累；转变就业观念，传承工匠精神，爱岗敬业，知行合一，是终身学习、适应社会的人生法宝。

  同学们，请勿等待机会，而要创造机会！请勿等待未来，而去创造未来！

相关链接

读书"无用"论

  当今大学生对于读书存在认识误区,他们每每发问:"读书好未必就业好,读书有什么用?上大学的目的究竟是什么?学习知识、技能?锻炼思维?充实自我?"大多数学生认为:上大学就是为取得文凭更好地就业。那么现在大学生的就业情况如何呢?我国自1999年高考扩招至今已有十几个年头,大学毕业生数量激增,而就业岗位却远不能满足需要。许多大学生毕业找不到工作,而大学生所在家庭的教育投入资金却年年攀升。此外,有些求职者不靠学识,不靠能力,只要有"门路"就有好工作。这些现象都使得读书"无用"论在社会上弥散开来。

  大学本应是读书的天堂,但浮躁的社会风气、严峻的就业形势等使得大学生对于读书存在诸多认识误区。比如,有些人不知道自己为什么要读书,认为读书无用;有些人提倡功利性的读书,只读"有用"的书。加之网媒的强大吸引力,导致读书"无用"论充斥着大学校园,"手机控"现象比比皆是,大学生离书籍越来越远。这一系列的问题,都源于大学生忽略了学习的重要性,对读书本质把握不准。

一、学而时习之——为学习正心

（一）人不学，不知道

《礼记·学记》云："玉不琢，不成器；人不学，不知道。"古语告诉我们，一个人不学习，就不易参悟做人的道理，其风度、气度、修养就难以提高。从古至今，许多智者视读书为乐事，把读书作为修身养性、完善自我的重要途径。

1. 古人的劝学、苦学

❶ 以文化人——经典劝学

自春秋时期孔子首创私学以来，我国就有许多劝人一心向学的典籍。《礼记·学记》云："虽有嘉肴，弗食，不知其旨也；虽有至道，弗学，不知其善也。"意思是说，尽管有美味可口的菜肴，不吃，就不知道它的味美；尽管有最好的方法，不学，就不知道它的高明。《礼记·中庸》亦云："好学近乎智"，把智慧看作是学习的结果。

> 中国经典
>
> **观 书**
>
> 书卷多情似故人，晨昏忧乐每相亲。
> 眼前直下三千字，胸次全无一点尘。
> 活水源流随处满，东风花柳逐时新。
> 金鞍玉勒寻芳客，未信我庐别有春。
>
> 此诗作者于谦，是明代著名民族英雄、诗人。他生性刚直，博学多闻，其勤学苦练的精神与高风亮节的品格一样名传后世。该诗盛赞书之好处，写读书之趣，抒发了作者喜爱读书之情，意趣高雅，风格率直，说理形象，颇有感染力。

中国经典

吾尝终日而思矣，不如须臾之所学也；吾尝跂而望矣，不如登高之博见也。登高而招，臂非加长也，而见者远；顺风而呼，声非加疾也，而闻者彰。假舆马者，非利足也，而致千里；假舟楫者，非能水也，而绝江河。君子生非异也，善假于物也。

——《荀子·劝学》

一天到晚地空想，不如学习片刻得益大；踮起脚来望，不如登上高处看得远。我们登高招手，胳膊并没有加长，但别人在比较远的地方也看得见；我们顺风呼喊，声音并没有增强，但别人听起来就清晰得多。乘坐车马的人，并不是脚走得快，却可以行千里；乘坐船只的人，并不是能游水，却可以横渡江河。君子的本性跟一般人没有什么不同，只是他们善于借助外物罢了。

中国故事

孔子劝学子路

孔子的门徒子路初次拜见孔子，孔子问子路："你有什么喜好？"子路回答说："我喜欢长剑。"孔子说："我不是问这方面。以你的天赋，再加上学习，谁能比得上呢？"……子路说："南山有一种竹子，不须揉烤加工就很笔直，削尖后射出去，能穿透犀牛的厚皮，所以，天赋异禀，又何必需要学习呢？"孔子说："如果在箭尾安上羽毛，箭头磨得锐利，箭不是射得更深更远吗？"子路听后拜谢说："真是受益良多。"

正因为我国古代学者看到了学习的重要性，所以他们提倡勤学苦读。

❷ 逆境求知　　古人苦学

抄书苦读

我国古代最早的"书籍"用竹简或木牍制成,这样的书很沉重,后来虽有轻便的帛书,但价钱昂贵。东汉蔡伦发明造纸术后,纸质书才开始流行。在印刷术发明以前,读书主要靠口授抄写,如西汉伏胜传经,全凭口授。西晋左思作了《三都赋》,因人们争相抄阅,以致洛阳纸贵。东汉王充,幼时家里贫穷,买不起书,就常常到洛阳的市场上,读代售的书,凭记忆力,把书的内容记住,终于博通众流百家之言,写出著名的《论衡》。宋代的晁以道想要读《公羊传》和《谷梁传》,到处找不到,后来好不容易借到了一本,遂夜以继日,把它抄了下来。

中国故事

欧母画荻

宋代著名的文学家欧阳修,四岁时父亲去世,家境贫寒,没有钱供他读书。他的母亲用芦苇秆在沙地上写画,教他写字,还教他诵读许多古人的篇章。到他年龄大些,家里没有书可读,便就近到读书人家去借书来读,并经常抄录下来。他就这样夜以继日、废寝忘食,致力读书,最终成为一代文豪。

"借光"苦学

古代有些读书人因家庭贫穷用不起灯油、蜡烛,但为了不耽误学习,想尽办法夜读。如晋代的孙康,小时候很爱读书,但家里穷,买不起灯油,就借着积雪的反光读书。晋代车胤从小好学不倦,但因家境贫困,晚上没有油灯供他读书。在一个夏日的夜晚,他见室外到处飞舞着萤火虫,于是想出了一个妙招,用白纱布袋把捉来的几十只萤火虫吊在书本的上方,借着微弱的光线读书。"映雪读书"、"囊萤照读"是我国流传至今的美谈。

中国故事

凿壁偷光

西汉著名的经学家匡衡从小喜欢学习,可家里买不起灯油,夜晚无法学习。邻家富裕,常灯火通明,匡衡为了引来邻家的烛光,在墙壁上凿了一个洞,借着烛光读书。同乡有个大户人家不识字,家中却有很多书,就到他家做雇工,但不要报酬。主人感到很奇怪,问他原因,他说:"我希望能把主人的书都读一遍。"主人听了,深为感叹,于是把全部藏书借给他读。最终,匡衡成了大学问家。

长途求师

我国在私学兴起前,只有贵族子弟才有接受教育的权利。春秋时期,孔子首创私学,才打破西周以来"学在官府"的局面,但受教育者还要缴纳束脩(xiū,孔子接受学生,收一束十条的干肉,叫束脩。后来称学费为束脩),交不起的人还是上不了学。古时,常有人为求师而长途跋涉。如南宋文学家陆游的祖父陆佃曾经穿着麻鞋,跑了千里的路程,到南京向王安石学习经学。

中国故事

宋濂求学

明代学者宋濂在《送东阳马生序》中自述苦学经过。他说：我小时候喜欢研究学问，家里穷，买不起书，只好到有书的人家借来抄写，约定日期归还。大冷天，砚台结了冰，手指冻僵难以弯曲，还是赶着抄，抄完了送回去，不敢错过约定的日子。因为这样人家才肯借书给我，我也才能读更多书。成年后，越发想多读书，可是没有好教师，只好走一百里路，找有名的老先生请教。……当我去求师的时候，背着行李，走过深山巨谷，冬天风雪大，雪深数尺，脚跟冻裂了也不知道。到了客栈，四肢都冻僵了，喝碗热水，盖上被子，半天才暖和过来。那时一天吃两顿饭，穿件破棉袍，从不羡慕别人吃得好、穿得好，也从来不觉得自己寒碜。因为求得知识是最快乐的事情，别的便不理会了。

古人由于了解学习的重要性，又深知学习必须要克服许多困难，所以特别珍惜宝贵的时光，不遗余力，勤学苦学。如东晋名将陶侃曾说："大禹圣者，乃惜寸阴；至于众，当惜分阴。"古人总是以最大的努力克服学习上的困难，借鉴前辈的经验克服思想上的惰性，因此，取得了学业或事业的成功。

2. 新时代学习的重要性

相比于古人的学习条件，现代社会的学习环境十分优越。如，国家对教育事业的重视与支持；学校及家庭对孩子教育的用心与投入；宽敞明亮的学习环境，现代化的教学手段等。学习无论对于国家、民族的兴旺发达，还是个人的成长，都是极其重要的。著名作家王蒙说："一个人的实力绝大部分来自学习。"本领需要学习，机智与灵活反应需要学习，健康的身心同样需要学习；学习可以增智，可以解惑，可以明辨是非。

❶ 学习是钥匙

无论学习、工作还是生活，视野都十分重要。《庄子·秋水》有云："井蛙不可以语于海者，拘于虚也。"井底蛙之所以认为天地只有井那般大，归咎于视野的原因，它为井口所局限，而看不见天之广、地之大。在人生中，有许多未知的领域，学习如一把万能钥匙，可以打开一扇扇大门，让我们看见更广袤更精彩的世界。

> **中国形象**
>
> **《中国诗词大会》第二季总冠军武亦姝**
>
> 2001年出生于上海的武亦姝近来圈粉无数。年仅16岁的她满腹经纶，在《中国诗词大会》上表现出色，战胜强大的对手，不仅获得《中国诗词大会》第二季总冠军，还创造了节目有史以来最高分。
>
> 武亦姝小学就读于长宁区江苏路第五小学，初中就读于兰生复旦中学，2016年被复旦附中提前录取，是名副其实的学霸。她从小喜爱读诗词，只要是一聊到古诗词她就会抑制不住地兴奋："我觉得古诗词里面有很多现代人给不了我的感觉。比赛结果都无所谓，只要我还喜欢诗词，只要我还享受诗词带给我的快乐，就够了。"

❷ 学习是灯塔

在成长之路上，人时常会感到迷惘，不知如何选择。当面临艰难抉择时，学习可以抚慰焦虑、缓解痛苦、启迪智慧、找寻答案。学习如太阳、如烛火、如大海中的灯塔，让人在黑暗中看清方向、找到道路，这不但意味着接受新知识，还意味着对错误的修正。唯有学习，才能避免陷入少知而迷、不知而盲、无知而乱的困境，才能克服能力不足、本领恐慌、技术落后的问题。否则，"盲人骑瞎马，夜半临深池"，不仅不能打开一番新局面，而且有迷失方向的危险。

中国道理

晋平公问于师旷曰："吾年七十，欲学，恐已暮矣。"师旷曰："何不炳烛乎？"平公曰："安有为人臣而戏其君乎？"师旷曰："盲臣安敢戏其君乎？臣闻之，少而好学，如日出之阳；壮而好学，如日中之光；老而好学，如炳烛之明。炳烛之明，孰与昧行乎？"平公曰："善哉！"

——西汉·刘向《说苑·建本》

晋平公问盲乐师师旷："我已经七十岁了，很想学习，但恐怕太晚了。"师旷答道："为什么不点起蜡烛呢？"晋平公听了很生气："哪有做臣子的取笑君主的呢？"师旷说："盲臣哪敢戏弄君主呢？我曾听说过，少年时好学，如同初升的太阳一样光鲜明亮；壮年时好学，如同中午的太阳一样炽热似火；老年时好学，就像用蜡烛照明一样，在黑暗中闪光。点蜡烛走路，与摸黑行走相比，哪个更好呢？"晋平公不禁赞道："你说得太好了！"

学习是为了照亮人的行程，指导人的行动。师旷用"日出"、"日中"、"炳烛"来说明学习的重要性和人生学习的三个阶段，鼓励人们活到老、学到老。

❸ 学习是面镜子

"立身以立学为先"，早在北宋年间，大文学家欧阳修就提出这样的观点，修养品行，要从学习开始。学习是校正世界观、人生观、价值观的立身之镜，常照学习之镜，能够看清自己，正衣冠、修形象；不照镜子，就看不见自己的不足，难以辨明是非曲直。

校园人物

栉风沐雨砥砺行　向阳生长迎绽放

郭斓，中共党员，宜春职业技术学院师范学院2012级初等教育专业学生，曾任校学生会主席、校团委秘书处处长、校文学社社长等职务。

在校期间,她表现优秀,考取全国导游资格证,荣获国家奖学金、省市级三好学生及省市级优秀共青团员称号,总计荣获国家级奖项1次、省级奖项7次、市级奖项18次、校级奖项25次。2017年3月,荣获江西省导游大赛三等奖;2016年6月,荣获江西省"两学一做"党的基本知识电视竞答赛高职组团体第一名及优秀选手称号;2016年4月,荣获江西省大学生技能竞赛导游技能项目二等奖;2015年、2017年,她蝉联宜春市导游大赛第一名、最佳讲解奖和青年岗位能手称号。

自立自强的她就像一株向日葵,靠双手撑起了属于自己的蓝天。2013年寒假,她在一家夜宵店做服务员,晚上工作到凌晨两三点,白天还坚持学琴看书。2015年国庆黄金周,很多同学都在享受着回家的安逸,她却选择了到明月山景区做兼职导游,积累带团经验。每天早上5:00起床,晚上10:00送团后才能结束一天的工作,连续七天,雨水打湿了鞋子,脚也被磨出了茧子,但艰苦的环境和高强度的工作没能把她压垮。在校四年,她通过做服务员、助教、导游、新媒体编辑等兼职,承担了自己大专两年的学费和生活费。

她曾说:"学校的舞台很广阔,让我在各种活动、比赛和兼职中都能学到许多东西,但学得越多,就愈发认识到自身的不足。所以我要不断学习,让自己褪去轻浮和骄躁,沉淀出一个更好的自己。"通过学习,她不断开阔自己的视野,挖掘和释放自己的潜能,用乐观、韧性和努力感染着身边的每一个人。

心香一瓣

越努力,越幸运。放下浮躁与懒惰,放下做事的三分钟热度,静下心好好努力,真的努力后,你会发现自己比想象的优秀。

（二）勤于学，力于行

没有不重要的知识，只有不重视知识的人。不同的学习态度，导向不同的学业水平与人生轨迹。积极的学习态度有助于人们更好地汲取知识，增长才干；消极的学习心理则会导致事倍功半，虚度光阴。对待学习，勤奋好学是基础，惜时执着是关键。我们唯有珍惜时间，孜孜不倦地学习，方能完成既定目标。

1. 勤奋好学

三国时期蜀汉丞相诸葛亮在《诫子书》云："非学无以广才。"历史上有成就的学者大多不会自恃天资，反而刻苦学习。宋代理学家朱熹说："大抵为学，虽有聪明之资，必须做迟钝工夫，始得。既是迟钝之资，却做聪明底样工夫，如何得？"所谓"迟钝工夫"，就是说要刻苦学习。唐代诗人白居易，自述他年轻时曾经"苦学力文"、"不遑寝息"，以致"口舌成疮，手肘成胝"。

《尚书》云："满招损，谦受益。"要真正学到知识，必须抱着虚心的态度，骄傲自满是学习的最大障碍。宋代学者程颐认为，君子有所进步，都是由于学习；没有长进，则是由于故步自封；学习的最大毛病莫过于自满自足，最大的障碍莫过于自暴自弃。这说明，既要虚心学习，又要有信心学好。学习必须秉承实事求是的态度。孔子曾经郑重其事地教导他的学生子路说："知之为知之，不知为不知，是知也。"这种不掩饰自己知识缺陷的态度，谦虚谨慎，是力求进步的必要条件。

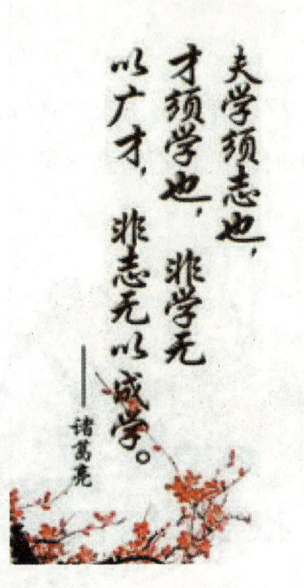

夫学须志也，才须学也，非学无以广才，非志无以成学。
——诸葛亮

中国人物

袁州卢肇

卢肇于唐武宗李炎会昌三年（公元843年）状元及第，是江西第一个状元。他是宜春县文标乡（今新余市分宜县杨桥乡）人，生于唐元和十三年（公元818年）二月初三日。卢肇年少时虽家贫，但笃志好学，没有油灯，就点竹篾做灯烛，这与古人的"凿壁偷光"、"囊萤映雪"一样；他还仿战国时的苏秦，头悬梁，锥刺股，日夜苦读诗书，自强不息。

种瓜得瓜，种豆得豆。因他勤奋好学，加上素具"瑰奇拔出之材"，故大和五年（公元831年）他十四岁去谒见当时宜春县令卢萼（è）时，卢萼测试了其才学后，断定他将来定有出息。随着他年龄的增长与学问的累积，"其为文，驰骋上下，伟丽可观。自长庆年间以来，虽善鸣者，罕有其比。当时达官宿儒，皆推重之"（南宋袁州教授童宗说《文标集序》）。会昌三年（公元843年）到京应试，苦尽甘来，独占鳌头，中了状元。

2. 惜时执着

唐代著名书法家颜真卿在《劝学》诗中写道："三更灯火五更鸡，正是男儿读书时。黑发不知勤学早，白首方悔读书迟。"劝勉青少年要珍惜少壮年华，勤奋学习，有所作为。否则，到老一事无成，后悔已晚。

孟子曰："学问之道无他，求其放心而已矣。"所谓"放心"，指丢失了的心，即"心不在焉"的心。所谓"求其放心"，是指把"放心"收回来，将注意力完全集中在所学知识上。孟子曾讲过一个故事，说明专心致志对于学习的重要性。有个叫弈秋的人，是当时全国最善于下棋的人。弈秋教两个人下棋，其中一人专心致志，认真听弈秋的教导。另一人虽说也在听，却一心想着天上的天鹅，并想拿弓箭去射它。因此，两人棋技悬殊。难道这个人智力比不上对方吗？不是的，问题在于此人在学习上缺乏专注的态度。

中国人物

曾国藩的读书之道

"中国古代之最后一人，中国近代之第一人。""立德立功立言三不朽，为师为将为相一完人。"曾国藩为何被那么多人所推崇？因为他用实践证明了：一个资质平庸的人，如果不断地自我完善，也可以成为圣贤豪雄。

13岁时的某晚，曾国藩迈进书房，点燃油灯，背起一篇三百字小文。在他进入书房前，家里来了一贼，听见有人进来，便躲在了房梁之上，想等曾国藩入睡之后偷点东西再走。哪知曾国藩背到三更还背不下来。那贼终于受不了了，飞身下梁，将此文一字不落地背了一遍，然后冲曾国藩大叫："你这么笨，还读什么书！"

曾国藩的资质就是这么平庸，以至于从小就被人讥笑为"愚蠢之辈"。左宗棠评价曾国藩说："才具稍欠开展。"说白了，就是觉得曾国藩脑子不灵光。梁启超说得更直接："在并时诸贤杰中，称最钝拙。"连曾国藩自己都承认："余性鲁钝。"总之，他平庸得实在可以，没一点天才范儿。可鲁钝的曾国藩就靠三个词翻了身。

第一个词"早起"。"黎明即起，绝不恋床。"他自制了一个闹铃：在床边放个铜盆，盆上用绳拴个秤砣，再把香系绳上。香尽绳断，秤砣砸盆就会发出声响。曾国藩就翻身起床，开始点灯读书了。

第二个词"耐烦"。"一句不通，不看下句；今日不通，明日再读；今年不精，明年再读。"他读书就像愚公，强调一个"耐"字，不求快不贪多，不弄明白绝不罢休。

第三个词"有恒"。"行之有恒，实为人生第一大事。"他每日早起读书，从不间断。就连行军打仗时也毫不例外，"每日必读书数页，填日记数条，习字一篇……"他说："不日进，就日退。"

曾国藩从16岁开始参加科考，考了七次才中秀才，还是倒数第二名。与左宗棠、梁启超等同时代名人相较，其愚笨一目了然。但曾国藩一旦开窍，立马一鸣惊人。中秀才第二年，他就中了举人；中举人又四年，他就高中进士。

曾国藩打通科举路，靠的全是笨功夫。因为笨拙，所以不懂取巧，遇到问题多钻研，因此不留死角。而那些聪明的人不愿下"困勉之功"，遇到困难绕着走，基础打得松松垮垮。所以曾国藩说："拙看似慢，实则最快。"

中了进士后，他便留京做了翰林。在翰林院，他做事依然不走捷径，总是按最笨拙、最踏实的方式去完成。做什么事都全力以赴，认认真真，一丝不苟。而正是因为做事踏踏实实，十年之中，他竟然获得七次升迁。从一个小翰林做到礼部侍郎，成为二品大员。曾国藩说：决定成败的，不在高处，在洼处；不在隆处，在平处。全看人能不能在棘手之处，耐得住烦。曾国藩的人生哲学很独特，就是"尚拙"。他说："天下之至拙，能胜天下之至巧。"正是与众不同的"笨拙"，成就了他非同一般的高明。

心香一瓣

笨到极致就是聪明，拙到极点就成了巧。真正的聪明人，都是知道下笨功夫的人。自古成名者，多始于笨干。我们成不了曾国藩，不是因为笨，而是下不了他那样的笨功夫。

人类在数千年的历史进程中积累了大量的精神财富，要想精通某一方面，必须进行长时间的学习。所以说，我们对待学习也要有恒心，生命不息，学习不止。学习作为人类一项基本活动，从幼年、少年、青年、中年直到老年，将伴随人的整个生活历程。

> **中国道理**
>
> 古今之成大事业、大学问者，必经过三种之境界。"昨夜西风凋碧树，独上高楼，望尽天涯路"，此第一境也。"衣带渐宽终不悔，为伊消得人憔悴"，此第二境也。"众里寻他千百度，蓦然回首，那人却在灯火阑珊处"，此第三境也。
>
> ——王国维《人间词话》
>
> 第一境出自北宋晏殊《蝶恋花·槛菊愁烟兰泣露》：落叶凋谢表明当前形势相当恶劣。在乱世之中，爬上高楼，高瞻远瞩，看到天涯海角，看到他人看不到的地方。排除干扰，不为暂时的烟雾所迷惑，看到形势发展的主要方向，这是取得成功的基础。这一境界是立志，只有具备了这个条件才会有第二、第三境界。
>
> 第二境出自北宋柳永《蝶恋花·伫倚危楼风细细》：其概括了一种锲而不舍的坚毅性格和执着态度，描述了如何为目标而努力奋斗。人瘦了、憔悴了，但"终不悔"，为了事业在所不惜。世界上干什么都没有平坦大道，要敢于创新，也要善于等待。
>
> 第三境出自南宋辛弃疾《青玉案·元夕》：指在经过多次周折和磨炼之后，人逐渐成熟，明察秋毫，豁然开朗。这常用来指人在事业上做出的创造性的独特贡献，或一种水到渠成的成功。这是用血汗浇灌出来的花朵，是用满腔热情铸造的大厦。

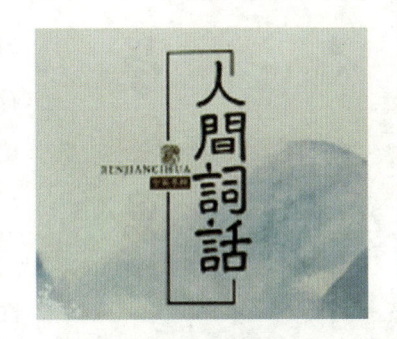

（三）俯而读，仰而思

学生不仅要勤于学习，还要善于学习，要想提高学习效率，不仅应树立明确的目标，端正态度，还需要采取正确的方法，否则容易导致事倍功半。古人常言："俯而读，仰而思。"埋头读了一点书，就要仰起头来把书中讲的道理仔细思索一番。这样，有如食物经过口腔的咀嚼和肠胃的消化，变成了养料，才能对身体起滋补的作用。不仅如此，求学之人还须遵循学习的规律，做到循序渐进、及时复习、知行合一等。

1. 善疑好问

学习是人类独有的活动，是人类知识的传承，这种传承不是简单的模仿，而要独立思考，学思结合，才能在接受前人知识的基础上，有所创造，有所发展。

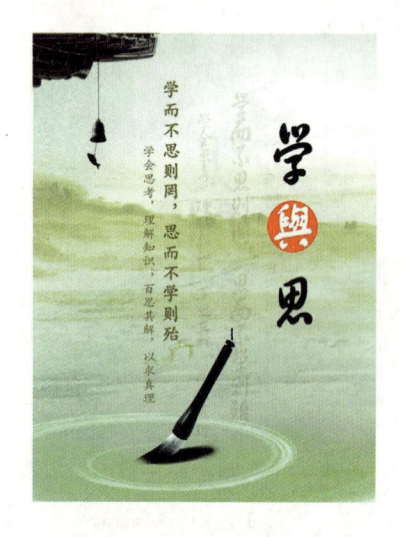

关于学与思，孔子曰："吾尝终日不食，终夜不寝，以思，无益，不如学也。"孔子认为，不学习而冥思苦想，花费再多工夫也不管用。孔子的嫡孙子思将学与思纳入治学的五阶段：博学、审问、慎思、明辨、笃行。宋代著名理学家朱熹主张学思互补："读而未晓则思，思而未晓则读。"另外，西方哲人康德也说过："感性无知性则盲，知性无感性则空。"可见，人类在知识的认知和获取上，不分地域和种族，其根本性的原则都是一致的。

孟子曰："尽信书，则不如无书。"有书，本来是一件好事，因为人不可能事事直接体验，需要间接地从书本上接受前人的丰富经验，以增强改造社会、改造自然和改造自身的本领；但是书本上的东西，还需要实事求是，离开时间、地点、条件，机械搬用，就会成为教条主义。特别是对于古籍，须取其精华，去其糟粕。

中国人物

著名教育家孔子

孔子（公元前551—前479年），名丘，字仲尼，鲁国陬邑（今山东曲阜）人，祖籍宋国栗邑（今河南夏邑），中国著名的思想家、教育家。孔子开创了私人讲学的风气，是儒家学派的创始人。他要求学生学习时，要学思结合，提出"学而不思则罔，思而不学则殆"。就是说，光学习而不积极思考，就会迷茫而不知所向；如果思考不以学习为基础，就会流于空想，会带来知识上的危机。

"碎片化"阅读作为新媒体融合语境下比较突出的一种阅读形式，有利于实现阅读全民化、普及化，能够方便人们阅读。然而，正是由于"碎片化"阅读的全民普及、简易轻松，让读者产生了惰性阅读思维，降低了思维的线性发展。读纸质书时，人们常把一本书由厚读到薄，内容一页页地浮现在眼前，人会随着书中所述内容去深入思考，再把书由薄读到厚，这是一个不断思辨的过程。但碎片化阅读借助于电子媒体，表现形式较为丰富，信息从四面八方汇于眼前，导致人在阅读时思维容易受到干扰，降低了对核心知识的专注性。同时，网络信息良莠不齐，许多未经考证的虚假信息、未经推敲的语病会对读者的知识储备及阅读能力产生消极影响。

> **相关链接**
>
> ### "手机控"现象
>
> 随着信息化时代的发展，智能手机和平板电脑在人们生活中占据了许多时间，"低头族"、"手机控"数量不断增多，大学校园里读纸质书的人少了，看手机的人却多了。不管是在教室、宿舍，还是在食堂，几乎人人拿着手机，随时翻看微博、微信、论坛，有时因沉迷于聊天或游戏，许久不抬头，影响正常的学习、生活及人际交往，这就是"手机控"现象。当然，手机上网也可以阅读图书，如电子书。但实际上，大多数学生上网后，用于阅读的时间较少，聊天、玩游戏的时间较多，即便是阅读，也很少进行认真的思索，而是进行浏览式、随意性、跳跃性、碎片化的浅易阅读。

读书不能停留在字面上，不能满足于一知半解，一定要敢于和善于提出疑问。没有打破砂锅问到底的精神，是很难有多大长进的。

"学问"二字，单从字面上来看，就说明除了"学"以外，还要"问"。读书产生了疑问，要进一步钻研，解决了疑问，当然很好；如果无法解决，还须请教他人，直到释疑。孔子的弟子子贡问孔子：卫国的大夫孔文子为什么谥号"文"？孔子回答说："敏而好学，不耻下问。"意思是因为孔文子天资聪慧，又孜孜不倦地学习，并且不以向地位比自己低、学识比自己少的人请教为耻辱。由此可见，孔子是很重视问的。相传孔子自己就曾问礼于老子，问官于郯（tán）子。朱熹介绍读书方法时说：稍有疑问，就加以思索，思索不通，就备上一个小册子，每天把问题抄下来，以便找机会去问别人。

> **心香一瓣**
>
> 随时记备忘录，以随时请教他人，这确实是便于提问的好办法。

2. 循序渐进

古人读书讲究循序渐进。朱熹说过："读书之法，在循序渐进，熟读而精思"，"未得于前，则不敢求其后，未通乎此，则不敢志乎彼"。他最反对的是杂乱无章、企图一步登天的读书方法。他说：不按顺序杂乱读书，就像一个饿肚子的人走进了饭馆，看到桌上凌乱的碗筷和鱼肉糕饼，就左手拿一块，右手抓一把，都塞进嘴巴，急急忙忙吞下去。这样狼吞虎咽地进食，虽然也撑饱了胃肠，填满了肚子，但是并没有尝到菜的滋味，还有可能消化不良。

中国人物

著名理学家朱熹

朱熹（公元1130—1200年），宋代著名的理学家、思想家、哲学家、教育家、诗人，闽学派的代表人物，儒学集大成者，世人尊称为朱子。他赞赏先秦时期教育家总结的学习方法，认为："学、问、思、辨以穷理，笃行以体事。"他主张读书有三到：心到、眼到、口到。他认为："读书之法，在循序而渐进，熟读而精思。""要举一而反三，问一而知十，及学者用功之深，穷理之熟，然后能融会贯通，以至于此。"

对于读者来说，与循序渐进相关的一个重要问题是广博与精深的关系。这个问题如果不能解决，读书会走弯路。有的人只求博，不求精；有的人又只求精，不求博，这都是片面的。在这方面，孟子发表过很好的见解："博学而详说之，将以反说约也。"

意思是说，广博地学习，详细地阐述，是要由此返回到能说出其要点的境地。他所说的"博"不等于"杂"，"约"也不等于"陋"。博与精是辩证的统一，博是精的基础，精又能为博创造条件；博离开了精就会转化为另一种要不得的东西——"陋"。正确的途径是把博和精有机结合起来，在博的基础上求精。

要贯彻循序渐进、博精结合的原则，不能随便拿到书就读，必须对书加以审慎地选择。清初学者陆世仪说："凡读书须识货，方不错用工夫。"他认为有些书要"终身诵读"，有些书要"一一寻究，得其要领"，有些书只要"观其大意"就行了。一个人的时间和精力毕竟是有限的，如果每本书都精读，那读书的数量将会受限，知识狭而不博，最后只落个"陋"。相反，若每本书都略读，读的书虽不少，但都是浮光掠影，知识浮而不深，最后只落个"杂"。正确的方法是把精读和略读结合起来。

3. 温故知新

孔子曰："学而时习之，不亦说乎？""温故而知新，可以为师矣。"在此，他强调了时常温习的重要性。人们常常有这样的体会，曾经读过的书，过些时候再读一遍，会有新的理解。孔子说明了已有知识和新知识之间的内在联系：新知识和已有知识并不是互相对立的，已有的知识掌握得牢固，能大大有助于新知识的获得；而获得了新知识，反过来又能巩固已学的知识。

《论语》里还记载了子夏的一句经典之词："日知其所亡，月无忘其所能，可谓好学也已矣。"这里，同时提到了巩固已获得的知识和吸收新知识，这两方面都是不可或缺的。

韩愈在《进学解》里曾讲到"提要钩玄"，提要领和钩主旨不等于简单的抄录，它要求掌握全书的主要内容和精神实质，并用自己的语言加以概括。

人们常常有这样的经历：要记住一段文章，念上好几遍还不及抄录一遍的功效大。若能写下自己的感想、心得和疑问，收效就更大。这样，做笔记的过程就是促进理解、加深印象、强化记忆的过程。而笔记做成以后，又可以用它来驾轻就熟地进行复习。由此可见，做读书笔记对于掌握和巩固知识所起的作用是不容低估的，读书目到、口到、还应手到。

中国人物

苏子容学史

相传和宋朝苏东坡同时代的一位学者苏子容，对于历史知识记得滚瓜烂熟。苏东坡向他请教读书的经验，他说，我曾经按照年月排列史实，这样编写了一遍；以后又在史实下面注出年月，这样又编写了一遍。编来编去自然就熟了。

古人的读书笔记往往具有很高的学术价值，流传至今。如南宋官员王应麟的《困学纪闻》、明末清初思想家顾炎武的《日知录》等，都是作者的读书笔记，其中包含丰富的知识和独到的见解。从这些著作里，我们可以看到古代学者读书时付出的辛勤劳动，也可体会到他们之所以能在学问上有所成就，并非偶然。

中国经典

曾子曰："吾日三省吾身：为人谋而不忠乎？与朋友交而不信乎？传不习乎？"

——《论语·学而》

曾子说："我每天都要做多次自我检讨：为他人办事尽不尽心？与朋友交往心诚不诚？老师所传授的东西经常温习了吗？"

曾子之所以为世人所熟知，正因为他能每天反省自己。古人如此自省，让今人心灵震撼。

4. 学行修明

中国经典

冬夜读书示子聿

古人学问无遗力，少壮工夫老始成。
纸上得来终觉浅，绝知此事要躬行。

这是南宋诗人陆游的一首教子诗，作于宋宁宗庆元五年（公元1199年）底。子聿是陆游的小儿子。诗人就知识的获取，从两方面谈自己的看法：一要花气力，二要躬行。诗中表达的不仅是冬夜读书的体会，更是诗人勤奋学习的经验总结。

诗的前两句，讲古人做学问总是竭尽全力，只有少年时刻苦努力，将来才能成就一番事业。"无遗力"三字，概括了古人做学问勤奋用功、孜孜不倦的态度。后两句"纸上得来终觉浅，绝知此事要躬行"是诗眼，意思是说，书本上得来的知识毕竟比较肤浅，要透彻地认识事物还必须亲身实践。他从书本知识和社会实践的关系着笔，强调实践的重要性。作者的意图非常明显，旨在激励儿子不要片面满足于书本知识，而应在实践中夯实和升华所学的知识。陆游的真知灼见，不仅在古代是做学问、求知识的宝贵经验，即使在科技日新月异的今天，仍具有较强的启迪和借鉴意义。

荀子曰："君子博学而日参省乎己，则知明而行无过矣。"这是说，君子广泛地学习且每天反省自己，就能智慧明达，行为没有过错了。关于这一点，清代的学者陆陇其也说得很好："读书做人，不是两件事。将所读之书，句句体贴到自己身上来，便是做人的法，如此方叫得能读书人；若不将来身上理会，则读书自读书，做人自做人，只算做不曾读书的人。"古人看到了实践对于认识的重要性，把"笃行"作为学习的重要环节。如果把"笃行"理解为实践，那么，"笃行"不仅是读书的目的，而且是检验从书本上得来的知识是否可靠的标准。通过"笃行"，从书本上得来的知识才能变为真知，个人修养亦得以提升。

相关链接

宜春职业技术学院获全国高职护理技能大赛一等奖

初夏时分，荷塘铺满田田叶；捷报传来，小荷已露尖尖角。2016年6月11日，宜春职业技术学院在科技综合楼学术报告厅隆重表彰荣获2016年全国高职护理技能大赛一等奖的师生。

要在竞赛中取得好成绩，细节至关重要。为了练好每个细节，指导老师团队仔细揣摩，把每个动作、流程设计到位，向医院临床护理专家请教，并在真人身上模拟每一个操作细节，争取做到动作标准优化。为了在操作中做到省力、省时，体现出护士的职业素养，从入场的姿态、微笑、开场前的用物准备，操作中的站、下蹲、手扔垃圾等，每个动作同学们都反复练习，力求做到自然、大方。

"我们每天在训练中寻求创新，落实到每个动作、姿势、每声语调上。有时，因为一个动作不够美观、利落，一天可以重复几十遍甚至上百遍，掌上的水泡消了又起，起了又消。晚上回到宿舍休息，闭上眼睛，所有的操作在脑海里一遍一遍地过。"朱萍同学感慨地说。

"我们的学生非常能吃苦，比如人工呼吸项目，为了做到最好，同学们要反反复复练习，嘴巴都吹肿了、吹破了。现在她们取得这样的成绩，我真心为她们感到骄傲，所有辛苦付出都是值得的。"指导老师郭俊巧说道。

正是因为老师和同学们的坚持与努力，才创造出本校历史以来最好的获奖成绩，为学校乃至江西赢得了荣誉，增添了光彩。

> 心香一瓣
>
> 古人云:"书山有路勤为径,学海无涯苦作舟。"一分耕耘一分收获,争当"学行修明"的好学生,让青春写满希望,让校园充满阳光。

升华·体验

1. 读一本好书,写一篇读后感,与朋友们分享交流。
2. 在一个文化气息浓郁的城市,寻访一处古代文人墨客故居。

相关链接

千军万马争岗位

2016年毕业季已经结束,高校毕业生达到历史新高765万。2017年招聘季即将到来,预计本年度约有700万大学毕业生,加上出国留学回来及没有找到工作的往届毕业生,将有1000多万大学生同时竞争。就业形势严峻,竞争异常激烈。

目前,我国又正处在经济转轨的关键阶段,大学毕业生的就业形势十分严峻,用工市场已经出现了僧多粥少的尴尬局面。有一句话可以很生动地形容现在大学生的现状和就业形势:本科满街走,硕士多如狗,只有博士可以抖一抖。

就业,对于有理想抱负的人来说,不是结束,而是新的开始;不是临阵磨枪,而是常备不懈。面对当今社会较为严峻的就业形势,我们从现在开始就应该有危机感、紧迫感,珍惜时间,勤学苦练,发扬工匠精神,提升综合素质。

二、宝剑锋从磨砺出——为就业热身

（一）客观认知自我

《道德经》云："知人者智，自知者明。胜人者力，自胜者强。"这句话的意思是，了解他人的人，只能算是聪明，能够了解自己的人，才算是真正的有智慧。能够战胜别人只能算是有力量，能够战胜自己的弱点才能算是真正的强者。这句话揭示了认识自我的重要性。每个人都是独一无二的，都有自己的特点。正确认识自己，需要全面客观分析自己的优势和不足。既不要盲目地自我欣赏、自傲自狂，也不要自我贬低、自我否定。在就业的过程中，应该具备"自知者明"这种品质，有目标地去寻求与自身性格、能力相匹配的职业。

中国故事

邹忌讽齐王纳谏

战国时期，齐威王的相国邹忌长得相貌堂堂，他问妻："我和城北徐公比，谁更美呢？"他的妻子说："您非常美，徐公怎么能比得上您呢！"城北徐公是齐国最美的男子。邹忌不相信自己会比徐公漂亮，就又问他的妾："我和徐公相比，谁更美呢？"妾说："徐公哪能比得上您！"第二天，他又问来访的客人："我和徐公比，谁更美呢？"客人说："徐公不如您美。"这天，徐公来了，邹忌仔细地看着他，觉得自己远远不如徐公美。傍晚，他躺在床

上休息时想这件事，终于想明白了："我的妻子赞我美，是偏爱我；我的妾赞我美，是害怕我；客人赞我美，是有事情要求于我。"于是，邹忌上朝拜见齐威王，用这个例子劝诫齐威王不要受蒙蔽。齐威王采纳了邹忌谏言，广开言路，结果邻国都来朝拜，不用兵就战胜了敌国。

心香一瓣

人若不能清楚地认识自己，就可能迷失在假象中，不能做出准确判断。

1. 设立理性目标

认识自己是为了更好地完善自己。大学生可以从主客观两方面来认识自己，主观方面包括兴趣爱好、理想目标及其他精神力量；客观方面由先天禀赋、后天体魄及知识技能组成。来自主客观方面的多种力量必须协调好，如身体和技能的力量是帮助你达成梦想的工具，精神力量是打开成功之门的钥匙。

有了梦想，而不去努力实践，那么梦想最终会变成空想。这时候，需要根据梦想，设定具体的目标。"你今后想成为什么样的人？""你想从事什么样的工作？"这些实际问题都需要依靠目标来一步步得以实现。目标的设定应该符合两个条件：一是目标必须跟梦想相契合，目标必须远大。人的能力是无穷的，所以不妨用将来进行时的方法，为自己设定相应的目标，具体做法是：从应该到达的未来某一点倒算评估自己的能力，看看自己现有的能力与实现目标该有的能力相差多少，再考虑用何种方法来提高自己的能力；二是目标必须是可分割的。志当存高远，但路得一步一步走。梦想可以仅仅只是一种感觉，但目标必须能够被分解。大目标分解成小目标，小目标分解成更小

的工作，不断提升就业能力，优化职业生涯。

2. 打破传统观念

> **相关链接**
>
> ### 宁做低薪白领　不做高薪蓝领
>
> 　　近年来，不少高校毕业生觉得当工人不体面，宁做低工资"白领"，也不愿做高收入"蓝领"。每次招聘会，文秘等办公室的工作总是最俏，尽管有些企业招聘蓝领起薪3000多元，而办公室的白领工资仅1500元，甚至更低，可还是成为毕业生争抢的对象。
>
> 　　已经拿到本科学士学位一个多月的小巩，还在为找工作发愁。一份大型超市的工作，刚刚被她婉拒。"就算进了企业，起码也要坐办公室。"小巩说，这家超市开出的工资虽然是每月3000元，但得先当两年柜台收银员，再去干行政管理工作，自己和家人都"接受不了"。
>
> 　　像小巩一样，因为"面子"而排斥服务类等"蓝领"工作的大学生不在少数。调查显示，53%的受访者因为"面子"而排斥服务类"蓝领"工作，宁做低工资"白领"；六成以上的高校毕业生把就业目标定位于公务员、国有企事业单位及大型民企，对于中小型企业及基层岗位不愿"屈就"。"上了四年大学，花了家里五六万元钱，结果还要当工人，没脸见家人朋友。"一些大学毕业生说，上了大学至少应该在写字楼工作，守着电脑、传真机，怎能在生产第一线干体力活呢？

　　一边是就业难，一边是用工荒。造成这种局面的原因是复杂的，其中之一是大学生不能转变传统观念，影响就业目标的实现。

　　如今，很多大学生追捧"铁饭碗"，认为它稳定、可靠、待遇好。近年的公务员考试中，常常出现几千人争夺一个岗位的现象。这其中有部分人是根据自身条件与国家、社会的需要，审慎考虑做出的决定，还有不少人是抱着从众心理，一哄而上或碰碰运气。

相关链接

铁饭碗

铁饭碗，顾名思义，饭碗乃铁所铸，坚硬非常，难于击破。人们通常将其意延伸，指一个好的单位或部门，工作稳定，收入无忧。长期以来，"铁饭碗"一直为人们所羡慕和追求，若捧得此碗，从此便可衣食无忧，生活幸福。捧不得此碗，便意味着颠沛流离，生活困苦，一生不得安宁了。"铁饭碗"思想在中国之根深蒂固，非同一般。虽然改革开放以来，"铁饭碗"受到了一定程度的冲击，但依然是相当一部分人所追求的职业目标。

心香一瓣

真正的"铁饭碗"，不是在一个地方吃一辈子饭，而是一辈子到哪里都有饭吃。

3. 坚守平凡岗位

人人都希望打造与众不同的自己，成为被需要、被尊重、众望所归的行业佼佼者。殊不知，每一个成功者的背后，都充满着艰辛与坎坷，成功在于能够勇于克服困难，完善自我，在平凡的岗位上成就不平凡的一生。若能用一生为代价去做好一件事情，那便是一种纯粹的伟大。

漫漫五千年的历史长河中，有无数的先人为后人树立了爱岗敬业、舍身为民的千古典范。在高速发展的当今社会，仍有不计其数的劳动楷模成为大家学习的榜样，充满着满满的正能量。他们的一生都奉献在自己热爱的工作中，勤勤恳恳，任劳任怨，犹如蜡烛一般照亮他人。

中国人物

2015年度感动中国人物——"校长爸爸"莫振高

莫振高，学生口中的"莫爸爸"、"校长爸爸"，是广西都安高中的原校长。都安是全国贫困县，这个大山里的瑶乡，有着众多因贫困而上不起学的孩子。于是，莫振高将"让瑶乡儿女走向世界"作为自己的座右铭，任教三十余年，跑遍每一位贫困生的家，将了解的情况一一记录在册，并用自己微薄的工资资助了近300名学生，圆了他们的大学梦。然而，自己的工资毕竟只是杯水车薪。面对数量众多的贫困学生，这位从未向他人伸手的"莫爸爸"走上了"化缘"之路。他利用休息时间，到全国各地的机关、企事业单位做演讲、做动员，只为通过社会力量，帮助更多的瑶乡儿女走出大山。就这样，莫振高一共筹集了3000多万元善款，让1.8万贫困学子圆了大学梦。因积劳成疾，莫振高于2015年3月9日突发心脏病去世。"莫爸爸"的"化缘"之路改变了数以万计贫困孩子的命运，现在他桃李满天下，九泉之下也可含笑了。

在2015年度感动中国人物颁奖典礼上，评委会用了一段话来概括他的一生："千万里，他们从天南地北回来为你送行。你走了，你没有离开。教书、家访、化缘，埋头苦干，拼命硬干。你是不灭的蜡烛，是不倒的脊梁。那一夜，孩子们熄灭了校园所有的灯，而你在天上熠熠闪亮。"

中国人物

2016年度感动中国人物——全国教书育人楷模支月英

教师是文化知识的传授者，是人类灵魂的工程师，是传道授业的解惑人。他们用白色的粉笔书写生命的华章，用辛勤的汗水浇灌春日的嫩芽。2017年2月8日，江西省宜春市奉新县澡下镇白洋教学点教师支月英获得了"2016年度感动中国人物"荣誉称号。

扎根大山，无私奉献。支月英老师从1980年至今远离城市，先后在奉新县澡下镇泥洋小学、白洋教学点工作。36年来，爱岗敬业，爱生如子，任劳任怨，无私奉献，把毕生精力投入于边远山村教学事业，赢得家长和学生的好评。

顽强不屈战病魔，山村红烛闪余晖。她身患多种疾病，胆结石、高血压、视网膜脱落等，严重影响视力。组织上考虑到支老师年纪偏大，身体欠佳，决定再次调她下山，安排她做轻松一些的工作。正在此时，白洋村小组村民联名请支老师到白洋村任教，支老师毅然答应，轻装简从来到更偏远的白洋教学点任教。她日日夜夜和那里的留守儿童一块，唱歌、跳舞，教书育人，既是校长，又是教师，还是"妈妈"。她无怨无悔为山村教育事业默默耕耘，整整教了两代人，桃李满天下，学子遍四海。

从"校长爸爸"到"校长妈妈"，他们都将自己的毕生精力扎根于基层、服务于基层，爱岗敬业，乐观向上，在平凡的岗位上发光发热，温暖他人。同时，致力于提高自身的文化修养，可谓是"学而不厌，诲人不倦"。

（二）传承工匠精神

所谓工匠精神，是指工匠对自己的产品精雕细琢、精益求精的精神理念。它既体现为工匠的气质，又体现为产品的品质。就其价值内涵而言，包括工匠对职业的热爱与专注、工作中一丝不苟的态度与精益求精的精神、具有品牌意识与勇于创新的思维。

随着时间的推移，曾经时时萦绕在耳旁的剃头匠和磨剪子匠的吆喝声，似乎距离我们越来越远，但工匠精神永不过时。

1. 中国古代的工匠精神

中国古代的技术文明非常发达，不仅散见于像《考工记》《氾胜之书》《齐民要术》《天工开物》等这样的典籍中，外国学者笔下的中国古代技术文明也是令西方"高山仰止"的。能取得这样的成就，与中国古代的工匠及工匠精神分不开。如秦陵兵马俑，数千件陶俑，大小与真人真马相当，栩栩如生，其中的铜车铜马，设计极其精巧，工艺十分精细，可谓稀世珍品；再如，长沙马王堆出土的素纱襌（dān）衣，身长128厘米，袖长190厘米，重量却仅有49克，还不到一市两，可谓薄如蝉翼、轻若鸿毛。其中的一些衣服在地下埋藏了2000多年，出土时仍然色泽艳丽，完好如新。从这些出土文物可以看出，我国古代工匠身上，具有精雕细琢、精益求精的工匠精神。

❶ 爱岗敬业、甘于奉献

俗话说，"干一行，爱一行"，任何高超手艺的获得都需要对职业的热爱，如果没有热爱，工作便只是饭碗而已，"当一天和尚撞一天钟"，很难取得成绩。

> **中国故事**
>
> **吴敬梓笔下的市井"奇人"** 
>
> 吴敬梓所著的《儒林外史》第五十五回中专门写过一个市井"奇人"。此人是做裁缝的，姓荆名元，五十多岁。这可不是一个普通的裁缝，他每天工作结束后，剩下的时间就弹琴、写字，甚至作诗。朋友们都不太理解，问他："你既要做雅人，为什么还要干裁缝这行？"他道："我也不是要做雅人，也只为性情相近，故此时常学学。至于我们这个贱行，是祖父遗留下来的，难道读书识字，做了裁缝就玷污了不成……而今每日寻得六七分银子，吃饱了饭，要弹琴，要写字，诸事都由得我，又不贪图人的富贵，又不伺候人的颜色，天不收，地不管，倒不快活？"

> **心香一瓣**
>
> 不因职业"卑贱"而不快活的工匠，才能轻装上阵，最终成为优秀匠人。

中国古代不管是官匠还是民匠，都具有吃苦耐劳、兢兢业业的美德。春秋战国时期思想家墨子特别注重职业道德行为的养成，主张"士虽有学，而行为本焉"(《墨子·修身》)，要求学生"强力而行"，加强意志锻炼，强调"强力而行"的敬业精神和"自苦为极"的献身精神。

古代工匠不仅仅把工作当作赚钱养家糊口的工具，还树立起对职业敬畏、对工作执着、对产品负责的态度，极度注重细节，不断追求完美和极致。他们匠心独运，把对自然的敬畏、对作品的虔敬、对使用者的将心比心，连同自己的揣摩感悟，全部倾注于一双巧手，创造出令世界惊叹的古代科技文明。曾侯乙编钟高超的铸造技术和良好的音乐性能，改写了世界音乐史，被中外专家学者称为"稀世珍宝"；北宋徽宗时烧制的汝瓷，其釉如"雨过天青云破处"、"千峰碧波翠色来"、"似玉非玉而胜玉"，人们不禁感叹，"纵有家财万贯，不如汝瓷一片"。

中国故事

纪昀与《四库全书》

纪昀，字晓岚，从小天赋超常，读书过目不忘，才思极为敏捷，经史子集无所不通。成年后，愈益才气勃发。乾隆三十八年（公元1743年），纪昀被任命为四库全书馆的总纂官，主持并负责全书的编纂审核工作。

清代乾隆年间编纂的《四库全书》，是中国古代历史上最为浩大的一项文化工程。《四库全书》不仅囊括了从先秦至清代乾隆以前中国历史上的主要典籍，而且涵盖了中国传统学术文化的各个学科门类和专门领域，历来有"典籍总汇，文化渊薮"的美誉。

作为总纂官，纪昀不仅负责全书的编纂工作，斟酌制定全书凡例，而且直接审核各书，决定取舍。以进呈书籍的校阅为例，乾隆帝决定编纂《四库全书》后，为保证书籍的来源和质量,曾采取种种措施,挑选内廷各处所藏典籍,采购社会上流传书籍,并在全国范围内开展大规模征书活动。数年之间,翰林院"收过各省采进及各家进呈书籍,共计一万三千五百零一种",要对如此众多的书籍进行甄别采择、考证编纂,绝非易事。其工作量之大、任务之艰巨,不言而喻。

《总目》的编纂,是《四库全书》纂修工作中一项极为重要的内容。根据全书办理程序,纂修官在从事辑佚、校阅工作的同时,要为其经手的每一种书籍撰写一篇详细的提要,介绍作者生平,叙述典籍内容,考辨篇章文字,评论长短得失。各篇提要撰写完毕后,便逐一粘贴书内,集中送到总纂官处,由纪昀全面负责审核、修改、定稿工作。在陆锡熊等人的协助下,纪昀对每一篇提要,从作者的年代、生平事迹,到著作的内容大旨、长短得失,乃至别本异文、典籍源流,都在原撰基础上,或增或删,或分或合,反复予以考证、修改,就连各篇提要的行文,也是字斟句酌,再三润饰。

乾隆四十六年(公元 1781 年)十二月,经过纪昀和众人将近 10 年的不懈努力和辛勤工作,第一部《四库全书》终于告成,全书抄成 3600 余册。在《四库全书总目》和《四库全书简明目录》的编纂过程中,纪昀发挥了他人无可替代的重要作用,并为此几乎耗费了一生的学识和精力。后人评论说,纪昀"一生精力萃于《提要》一书",凡《四库全书提要》、《简明目录》皆出公手,大而经史子集,以至医卜词曲之类……可谓通儒矣"。

❷ 一丝不苟、精益求精

认真,是一种强大的精神力量。做任何事情,只要有一丝不苟、严肃认真的态度,精益求精的精神,就一定能把事业不断向前推进。《诗经·卫风·淇奥》云:"如切如磋,如琢如磨。"这是以工人加工器物来比喻君子研究学问和陶冶品行的精益求精。"切"是把骨头制成器物,"磋"是加工象牙,"琢"是治玉,"磨"是把石头打磨成器物。诗中以工匠加工器物为喻体,正说明工匠在制作器物时的一丝不苟和精益求精。对此，南宋哲学家朱熹曰："言治骨角者，既切之而复磋之；治玉石者，既琢之而复磨之；治之已精，而益求其精也。"这就是我国古代工匠精神的内涵之一。

> **中国风物**
>
> ### 景德镇御窑工匠
>
> 各作工匠，倘技艺精熟，则烧造亦易成。六作之中，惟风火窑匠最为劳苦。方其溜火，一日之前固未甚劳，惟第二日紧火之候，则昼夜省视，添柴时刻不可停歇，或倦睡失于添柴，或神昏误观火色，则器有苦窳（yù，粗劣）拆裂阴黄之患。盖造坯彩画始条理之事也，入窑火候终条理之事也。火弱则窳，火猛则偾（fèn，败坏）。……合用看火作头四五名，烧火匠二名，每夜厂官亲临窑边巡督，编立更夫，并民快各五名，分定更筹，递相巡警，以察勤惰。至开窑时，器皿完好，厚赏犒劳。……他如工匠扛抬大器坯胎，须令谨慎。……故自洗补至入窑，必看坯胎堪否，然后盖匣封固，起火烧造。如绘画中小器，亦须细看，上下四周，有无疵缪，必体质完美，方可入窑。不然，则徒劳罔功矣。

这段记录中所提到的景德镇制作瓷器的工匠有四种，分别是风火窑匠、烧火匠、扛抬大器坯胎的工匠和画匠，这些工匠都必须十分小心，每个环节都一丝不苟，做到"体质完美，方可入窑"。如果其中一个程序出了问题，则大家都徒劳无功。可见，一丝不苟的工作态度，不仅是对工作负责，还是对他人负责，对整个产品负责。

> **中国故事**
>
> ### 李冰与都江堰
>
> 李冰，战国时期秦国著名的水利工程专家，主持设计修建了规模宏大的水利工程都江堰。他用"分流守江、筑堰引水"的方法，建造了分水鱼嘴、飞砂堰溢洪道和宝瓶口引水口等工程。其中，分水鱼嘴把滚滚而来的岷江水一分为二，外江为岷江正流，

经灌县、乐山流入长江，内江为人工河流，经宝瓶口流入成都平原。此外，为了使堰坝更加坚固，李冰又发明了用马扎截断水流的方法，一年淘沙一次，名为"岁修"。都江堰的建造不但解除了岷江水患，还灌溉了成都平原，堪称丰功伟绩。更为难得的是，这一工程一直使用了 2000 多年，即便是遭遇大地震，仍保存完好，颇受海内外水利专家的赞扬。

我国古代这种设计巧妙、施工精密的伟大工程还有开宝寺塔。这座建于北宋皇祐元年（公元 1049 年）的铁塔，至今已有九百多年的历史，历经地震 38 次、冰雹 10 次、风灾 19 次、河患 6 次、雨患 17 次。即便是在日寇大炮的轰击下，仍然屹立不倒。铁塔的设计者预浩，堪称伟大工匠。这些工程的精妙不仅在于当时美观实用，更在于其前瞻性。李冰、预浩等人这种精益求精的工匠精神，值得大力弘扬。

❸ 品牌意识、创新精神

高质量的产品是工匠的安身立命之本。产品的竞争力源于其质量，而质量是品牌打造的基础。因此，品牌才会成为高质量的代名词。

我国古代的品牌，很早就有记载。《考工记》记载："郑之刀、宋之斤（斧头）、鲁之削（书刀）、吴粤之剑，迁乎其地，而弗能为良也。"这显然是地域品牌，但也能说明，这些地方的工匠，各有擅长，在自己的职业领域均有造诣，从而使本地产品声名远扬。这些产品大多是不能复制的，换个地方就做不好。到了宋代，由于商业的发达，品牌意识更加普及和深入。据说，歙州李家制的墨，工艺独特，"遇湿而不败"，有钱人家争相收藏。有一富裕人家，藏有李庭圭制的一块墨，不小心掉到水里了，此人以为墨经水必坏，便懒得打捞。没料到一个多月后，此人打捞一把金器时，一并把墨也打捞上来了，发现该墨"光色不变，表里如新"。质量如此上乘之物，能成为大品牌实非侥幸。

中国故事

清代工匠"样式雷"

"样式雷",是对清代承办内廷工程的一个雷氏建筑世家的美称。他们是著名的皇家建筑师,家族先后七代工匠,在康熙中期至民国初年的二百多年时间里,为清朝历代皇帝设计修建了大量皇家建筑,因长期执掌"样式房"而得名,也有称之为"样子雷"。他们的作品,从正阳门直至大内(故宫乃至故宫中"三希堂"各个细部的建筑),包括北海、中海、南海,毛泽东当年住过的菊香书屋,周恩来生活过的西花厅,圆明园、万春园、颐和园、景山、天坛、清东陵、清西陵等。这其中有宫殿、园林、坛庙、陵寝,也有京城大量的衙署、王府、私宅、私人坟茔,以及御道、河堤,还有舆服、彩画、瓷砖、珐琅、景泰蓝……几乎一座城市都是他们建造的。

除了品牌意识,大工匠绝不只是心灵手巧把产品做到极致,更重要的是富有创新的思维,敢为天下先,能人所不能。木匠的祖师爷鲁班的传说家喻户晓,他发明的工具诸如斧、锯、刨,还有鱼鳔胶和单眼吊线法,都是智慧的结晶。据说,我们现在用的雨伞,也是"班夫人"看见丈夫日晒雨淋、工作辛苦而发明的有情物。黄道婆种"吉贝草"纺棉花的传说更是体现一种大工匠精神,"黄婆婆,教我纱,教我布,两只筒子两匹布"。在中国古代的科技发明中,造纸和印刷、指南针和航海、瓷器和焙烧、火药和火炮、养蚕和织造、风车的运用、运河之开发,还有至今仍然使用的算盘……都蕴含着创新之魂和匠人神技。

2. 传承工匠精神，创造精彩人生

2016年3月5日，国务院总理李克强作政府工作报告时说，鼓励企业开展个性化定制、柔性化生产，培育精益求精的工匠精神，增品种、提品质、创品牌。"工匠精神"首次出现在政府工作报告中，让人耳目一新。脚踏实地、执着专一、宁静致远的"工匠精神"，不仅是当下企业改善供给、更好地满足消费需求升级换代的迫切需要，也是中国从"制造大国"向"制造强国"转型的必然选择。新时期的劳动者应如何发扬"工匠精神"？

❶ 从容独立、脚踏实地

"欲速则不达"、"萝卜快了不洗泥"等俗语告诉我们，无论是企业发展还是人的发展，太强调"快"和"立竿见影"，注定会留下粗糙、浮躁的印记，无法持久。因此，需要在踏实方面下功夫：不贪多求快，不好高骛远，不眼花缭乱，不惜力，不怕费事。甚至费尽周折没有收获也无怨无悔，不轻言放弃，用一步一个脚印的精神艰苦磨炼，产品和技能才能不断攀越、走向精致。

2015年，五一劳动节期间播出的《大国工匠》介绍了胡双钱、高凤林、孟剑锋、顾秋亮等8位平凡又伟大的人，他们用最平凡的专注、刻苦钻研，缔造了一个个"中国制造"的神话。

> **中国人物**
>
> #### 大国工匠高凤林
>
> 高凤林的工作没有几个人能做得了，他给火箭焊"心脏"。在中国航天领域，高凤林是发动机焊接的第一人。
>
> 焊接这个手艺看似简单，而在航天领域，每一个焊接点的位置、角度、轻重，都

需要经过大脑缜密的思考。38万公里，是嫦娥三号从地球到月球的距离；0.16毫米，是火箭发动机上一个焊点的宽度；0.1秒，是完成焊接，时间允许的误差。高凤林焊接的长征五号火箭发动机的喷管，仅一个喷管上就有数百根几毫米的空心管线。管壁的厚度只有0.33毫米，高凤林需要通过三万多次精密的焊接操作，才能把他们编织在一起，焊缝细到接近头发丝，而长度相当于绕一个标准足球场两周。

每有新型火箭诞生，对于高凤林来说，就是一次次的技术攻关。最难的一次，高凤林泡在车间，整整一个月几乎没合眼。

中国人物

高铁焊接大师

李万君，中车长春轨道客车股份有限公司高级技师，曾获得全国劳动模范、全国优秀共产党员、吉林好人等多项荣誉。工作30年，他先后创造出"拽枪式右焊法"等20余项转向架焊接操作法，及时解决了高铁生产的诸多问题，累计为企业创造价值1000多万元。带领团队完成技术创新成果150余项，申报国家专利20余项。凭借世界一流的构架焊接技艺，他被誉为"高铁焊接大师"。

李万君来自劳模世家，父亲、弟弟也是不同层次的劳模。19岁从职高毕业进入工厂时，他对焊接车间艰苦的工作环境也打过"退堂鼓"。短短一年，当初和李万君一起入厂的28人中，有25个跳了槽。在思想波动的时候，父亲给了李万君继续干好活的坚定信念。"干活就得干好，有个好技术。"李万君还记得父亲的话。李万君的父亲是刨工，厂里连续7年的劳模，他经常给李万君找来一些废料，让他多练习焊接。一天下来，李万君能练掉近300根焊条。

> 因为坚持不懈的勤学苦练,李万君的技术突飞猛进,并逐渐在工厂崭露头角,在各种技能大赛中获得荣誉。被认可后的喜悦让李万君对焊接技术更加地喜爱、感兴趣,拿出"豁出去"的劲头干工作,将父亲对于技艺的坚守执着和精益求精的态度传承下来,成为新时期产业工人的典范。

❷ 摒弃浮躁、宁静致远

这是一种从容淡泊的职业心境:外边的世界很热闹,却不轻易盲从;灯红酒绿中的诱惑很多,却坚守"初心",一切"走心",像田野一样安静,像诗歌一样平和。"静能生慧"、"静能生乐",所以,工匠们才能把更多的时间投入专业发展之中,拥有不知疲倦的技术性快乐,让技术由浅入深、不断飞跃。

比如大国工匠毛腊生,是给导弹铸造"衣服"的人,在现实生活中,却"很无趣,连个爱好都没有,有时甚至连表达都成问题"。39年,毛腊生只做了一件事——读懂砂子,铸好导弹。他将"木讷"当作淡定,将"无趣"当作安静,浮躁少了,才能心无旁骛地追求技术的辉煌。

中国故事

我在故宫修文物

王津,故宫钟表修复师。五十五岁的他,"入宫"已有三十九载。在2016年央视热播的纪录片《我在故宫修文物》中,他儒雅谦逊、温和内敛的性格,尽展别样的匠人情怀,被网友亲切地称为"修表王师傅"。

"一座宫廷钟表上千个零件要严丝合缝。"而修复它们,最少也需要长达数月的时间,王津说,只有真心喜欢才坐得住。他不仅修复了烦琐的零件,也恢复了那些被岁月腐蚀而黯淡无光的生命。

当记者问及他有没有心烦意乱不想修的情况时,王津说:"没有修不下去的时候,就是难点,就是慢呗,一点一点琢磨,干的时间长了,性子也就磨出来了,你越急它越不转,以前师父说急了就别干,你再干有可能还出娄子。上周边转转,安安心,接着干。所以在这儿最大的基本功就是耐心,坐不住的人干这个比较困难。时间长了我想,要是喜欢,再急的性格也能磨合出来。"

天下诸事,只怕认真二字。王津对待工作是非常严肃认真的,因为经手的文物皆是价值连城的宝贝,不容半点差池。另外,工作的特殊性要求他们的工作节奏快不得,必须用心打磨每一份作品。如调试钟表时,需要一点点调试每一个部件、每一个齿轮,历时八个月才修复一座清代的钟,修好时展现出来的景象犹如精灵附体,令人难忘。如果没有慢下来的心性和态度,是无法坚持长久的。同时,耐心对于修复师也是必不可少的。在纪录片中,修复师常挂在嘴边的一句话就是"耐得下性子"。他们对招收的新人的一个要求,就是要能够静下心来,坐得住,有耐心。因为修复一件文物,需要一点点慢慢地做,不可能一蹴而就,没有耐心是无法胜任这份工作的。

心香一瓣

积极的人,像太阳,照到哪里哪里亮;消极的人,像月亮,初一十五不一样。心性左右人的行为,影响人的生活。

初入社会,大学生不仅要树立坚定而远大的理想,还要避免"好逸恶劳"、"眼高手低"、"好高骛远"问题的出现,让自己静下心来,踏实地做好本职工作。

中国故事

心态决定成败

一位企业老板给另外一位公司经理发了一封电子邀请函,连发几次都被退回。公司经理问自己的秘书是怎么回事。秘书没去调查原因,只是猜测地说,可能是邮箱满了的原因。可一周过去了,经理仍然没有收到企业的邀请函。经理又问秘书,秘书的回答竟然还是邮箱满

了！公司因此失去了与该企业筹备已久的合作项目。经理一气之下，辞退了秘书。

恰恰相反，还有一位秘书，她是自考本科毕业后应聘到一家外贸公司的。她的意向是经理秘书。但公司却安排她做办公室文员，具体的任务就是负责收发传真、复印文件。她虽然有点犹豫，但还是抱着积极的态度投入工作之中，因为她学历不高，所以觉得机会来之不易。她工作非常认真，同事们交代的事情，都能及时完成，从无怨言。有一次，经理拿一份合同让她复印，经理说要急用叫她快点，细心的她习惯性地快速浏览了一遍合同。当经理有些不耐烦催促她时，她指着一处刚发现的错误给经理看。经理看完之后，吓出了一身冷汗，原来是一个数字后面多了一个零。她的更正为公司避免了几百万元的损失，后来，她被提升为经理秘书。

同样是秘书，前者被辞退，后者被提升，是什么原因？很明显，是态度问题。前者作为秘书竟然一周都不清理邮箱，这是什么工作态度？这样的工作态度，谁当老板都受不了。后者则相反，不论工作是否理想，都认真对待，对分内工作如此，对分外工作也能注意到细枝末节，为企业挽回了一大笔的损失。正是这种责任心，这种对工作的认真态度，决定了她能站在一定的高度，走上更高的职位。

心香一瓣

即使你非常幸运地找到一份"好工作"，没有正确的工作态度和精神，"好工作"也会成为"坏工作"。转变心性，这是踏实工作的第一步！

❸ 精致精细、执着专一

中国自古就有追求"精确"的传统。"差之毫厘，谬以千里"的说法就是例证。欧阳修《归田录》载，汴京开宝寺塔"在京师诸塔中最高，而制度甚精，都料匠预浩所造也"。都料匠，即工匠总管。预浩把塔建好后，却是"望之不正而势倾西北"，成了斜塔。大家都奇怪这是怎么回事，预浩解开了谜团："京师地平无山，而多西北风，吹之不百年，当正也。"意大利的比萨斜塔闻名于世，但其倾斜却并不是设计者的初衷；而开宝寺塔则是在充分考虑到气候因素前提下的刻意之举。这样来看，不光前人要感叹预浩"用心之精盖如此"，就连今人也定会竖大拇指。

中国形象

杨绛的精致精细

著名学者、翻译家杨绛在困难时期曾被分配打扫文学所的厕所。面对两间污秽的厕所，她置备了几件有用的工具，如小铲子、小刀子之类，又用竹筷和布条做了一个小拖把。原来的清洁工小刘成了杨绛的领导，她告诉杨绛，去污粉、盐酸、墩布等都可向她领取。于是杨绛就将去污粉、肥皂、毛巾和大小两个盆放在厕所里，作为工作用具。

不出十天，杨绛把两个斑驳陆离的瓷坑、一个垢污重重的洗手瓷盆和厕所的门窗墙壁都擦洗得焕然一新。瓷坑和瓷盆原是上好的白瓷制成，铲刮掉多年的积污，虽有破缺，仍然雪白铮亮。她还在厕所瓷坑边上给自己找了块高处，干完工作了，就坐在上面看书。

作为一个著名学者、名牌大学教授，杨绛在打扫厕所时的认真程度，跟她翻译《堂吉诃德》时并没有本质的区别。

要把工作做到精细精致，必须注重细节、重视品质，并持续、专注地工作。《尚书·大禹谟》有云："人心惟危，道心惟微；惟精惟一，允执厥中。"在技术竞争、人才竞争白热化的当下，要想谋求更辉煌的成果，"差不多的思维"要不得，它会让自己流于庸俗，止于轻薄、肤浅和粗糙。

2015 年商务部的数据显示，中国游客在境外消费约 1.2 万亿元，继续保持世界主要旅游消费群体称号。中国消费者为什么如此热衷于国外购物？外国商品质量过硬是一个重要原因。其实，像马桶盖、电饭煲这种小东西，技术含量并不高，很容易制造。但是，把这些小东西造好、造出口碑就不太容易了。这需要有精益求精的工匠精神和"人有我优"的技术追求，选定一个目标，用长时间的努力和更多的精力，在技术和产品"从 99% 到 99.99%"的过程中，不厌其烦、努力坚守，把每一个产品当作工艺品一样精雕细刻、耐心打磨。久而久之，就能创造出与众不同的发展奇迹、震撼效应。

然而，现在的大学生中，不少人都奉行"差不多"的思想，是胡适先生笔下的"差不多先生"，他们对待理想是差不多能实现就行，对待学习差不多学会了就行，对待工作差不多完成就行。正是这种种的"差不多"，让一部分人失去了对待工作的热情，干劲不足，凡事差不多，得过且过，这有悖于我们所提倡的工匠精神。

④ 顺应时代、勇于创新

不少人对工匠有着片面的认识，认为他们是因循守旧，偏执地守着古老的技艺，一味追求"慢工出细活"。其实不然，工匠精神固然要"慢工出细活"，但它也是在传统工艺的基础上不断创造新工艺、新技术的过程，是传承与创新并存。

在这个创新引领的时代，工匠精神与创新创造并不矛盾，它指向的是凡事追求极致，在这个过程中，本身就需要以开放的姿态吸收先进与前沿的技术。我国是世界上最大的圆珠笔生产国，每年生产380亿支圆珠笔，而核心材料却高度依赖进口。特别是笔头的球珠体，生产设备和原材料都掌握在日本等国手中。2016年太钢集团耗时五年，终于生产出中国制造的笔芯。这一问题的解决，与企业的技术革新是密不可分的。

> **相关链接**
>
> **中国终于能制造出圆珠笔笔头了！**
>
> 2016年1月4日，李克强总理在山西太原主持召开钢铁煤炭行业化解过剩产能、实现脱困发展座谈会。会上他的一句话引起广泛关注："去年，我们在钢铁产量严重过剩的情况下，仍然进口了一些特殊品类的高质量钢材。我们还不具备生产模具钢的能力，包括圆珠笔头上的'圆珠'，目前仍然需要进口。这都需要调整结构。"
>
> 2017年1月，李克强总理的"圆珠笔之问"终于落下帷幕：过去为日本、瑞士所掌控的圆珠笔球座材料生产技术，日前已被宁波贝发集团、太原钢铁集团和中科院沈阳研究所组成的课题组联合攻破。从2011年立项，到2014年"笔尖钢"试制成功，

再到今年年初可以量产，中国人造出自己的"笔尖钢"已经用去了6年时光。中国造出圆珠笔笔头，终于回答了"圆珠笔之问"、"中国制造业之问"。据悉，笔头产品的生产工艺是国外企业的核心机密，你别看它小，科技含量可不低。

生产一个小小的圆珠笔笔头需要二十多道工序，笔头的关键部位，比如碗口，它的尺寸精度都是在两个微米，它的表面粗糙度要求在0.4微米，而且笔头里面有不同高度的台阶和五条引导墨水的沟槽，加工精度都要达到千分之一毫米的数量级。在笔头最顶端的地方，厚度仅有0.3—0.4毫米。极高的加工精度，对不锈钢原材料提出了极高的性能要求，既要容易切削，加工时还不能开裂，小小"笔尖"考验着中国制造。

为了给数百亿支圆珠笔安上"中国笔头"，国家早在2011年就开启了这一重点项目的攻关。太钢集团技术中心高级工程师王辉绵认为，钢材要制造笔头，必须用很多特殊的微量元素，把钢材调整到最佳性能，微量元素配比的细微变化都会影响到钢材质量，这个配比找不到，中国的制笔行业永远都需要进口笔尖钢。因为开发这个产品没有可借鉴的资料，为了提炼材料，每种配比的成分，都是从几十公斤开始炼，各种成分加入多少，已经没法统计。

突破的灵感来自家常的"和面"，面要想和得软硬适中，就要加入新"料"，相对应的钢水里就要加入工业"添加剂"。普通的添加剂都是块状，如果能把块状变细变薄，钢水和添加剂就会融合得更加均匀，这样就可以增强切削性。

经过五年数不清的失败，在电子显微镜下，太钢集团终于看到了"添加剂"分布均匀的笔尖钢，试验在2016年9月取得成功。经过多轮测试，这些产品终于打上了"中国制造"的标志，现在，一些笔头企业已经开始使用，在未来两年有望完全替代进口产品。

我国圆珠笔生产一直依赖进口，这背后其实也是反映出了我国整个制造业的问题。我国制造业整体缺乏创新，自主研发能力不够，纵使依靠进口不得不提高生产成本，但是又无可奈何，最后导致企业整体利润降低。此次我国圆珠笔笔头研发成功，这正说明只有创新，才能掌握主动权，推动企业更快更长久地发展。

在"互联网+"时代,倡导工匠精神与创新精神本质上是一致的。工匠精神要以最开放的姿态来吸收最前沿的技术,从而创造最新的成果。它不是一味地恪守传统而裹足不前,恰恰相反,是善于用创新的精神,对产品精雕细琢、反复对比,找到最好的结果,体现最大的价值。

升华·体验

1. 参加一场招聘会,了解最新招聘情况及市场需求,形成报告。
2. 观看纪录片《大国工匠》,并结合自身专业和未来职业探讨工匠精神。
3. 参观博物馆,了解其中陈列的器皿和雕刻,感受古代工匠的技艺和精神。

中国人物

校内网、饭否网、美团网联合创始人王兴

一提到王兴，很多人脑海里面第一想到的词汇就是连环创业者，因为他是校内网、饭否网、美团网这三个大名鼎鼎的网站的联合创始人，除此之外，他还有另外一层身份，大学生创业者——在毕业之后，没有丰富的职业履历就开始创业的人。

他是一名人们口中的天才少年，没参加高考就被保送清华大学，毕业后拿到全额奖学金去了美国特拉华大学，随后归国创业。在经历两次不算成功的创业项目之后，王兴创立了校内网，并很快风靡于大学校园圈之中。校内网于2006年10月被千橡以200万美元收购。2007年5月12日，王兴创办饭否网。这也是中国第一个类推特（twitter）项目，但就在饭否发展势头一片良好之际被关闭，王兴事业受到重挫。之后王兴于2010年3月上线新项目美团网，并在千团大战之中脱颖而出，稳居行业前三，先后获得红杉和阿里的两轮数千万美元的融资，这个连环创业客的事业正逐渐走上正轨。

国务院总理李克强在多个场合发出了"大众创业、万众创新"的号召。时下，创业逐渐成为大学生一种新兴的职业选择，他们信心满满，以期实现人生的理想目标。然而大家所熟知的众多创业精英们，在成功背后，无一不是历经了千辛万苦，可谓"长风破浪会有时,直挂云帆济沧海"。创业前应深知，畏怕失败与辛苦，终究到达不了梦想的彼岸，唯有不断探索，愈挫愈勇，方能苦尽甘来。

三、长风破浪会有时——为创业积累

（一）观念先行

创新创业，是国家发展之根，是民族振兴之魂。当今世界，经济全球化、文化多元化、社会信息化深入发展，新一轮科技革命和产业变革蓄势待发，各国面临全新的历史机遇和挑战。新时代的大学生是最具潜力与活力的群体，如何因时制宜、最大限度发挥自身优势呢？

大学生创业，需要具备两方面实力准备：一是思想上积极，二是行动上积极。光有一腔热血，却不付诸行动，犹如镜花水月，空有美好的愿望，"临渊羡鱼，不如退而结网"；单有一身蛮劲，却无精神动力和清晰目标，事业发展也走不长远。在创业的过程中，积极的创业思想和付诸实践的能力，两者缺一不可。

1. 敢为人先的创业精神

心中有梦才能前行，想做才会实干。历史上每一个伟大的企业都是起源于创业者的伟大梦想。比尔·盖茨在创业之初的梦想就是让每个家庭都能用上互联网；阿里巴巴的创始人马云强调自己本来对电脑一无所知，但帮助中小企业的强大梦想支持他走到现在并改变了世界；飞机的发明源于莱特兄弟"人类也能在天空中像鸟一样飞翔"的梦想……大学生创业，一定要先给自己确定一个具有强烈吸引力的目标，以此调动自身积极性、主动性和创造性。

在逐梦的过程中，要明确创业动机，保证思想的积极向上，做好创业心理准备和理性思考，要认真思考、反复评估，考虑成熟后再付诸行动，逐步把抽象感性的梦想锻造为理性的创业精神。积极的创业精神主要包括以下几个方面：

❶ 事业精神

事业精神包括确立明确目标，并且坚定地执行的精神。《梁书》云："所向披靡，

群房惮之。"孔子周游列国宣传儒家思想，虽屡屡碰壁，仍"知其不可而为之"。老子认为"自胜者强，知足者富，强行者有志，不失其所者久"。西汉史学家司马迁在《报任安书》中云："盖文王拘而演《周易》；仲尼厄而作《春秋》；屈原放逐，乃赋《离骚》；左丘失明，厥有《国语》；孙子膑脚，《兵法》修列；……《诗》三百篇，大底圣贤发愤之所为作也"，均充分反映了刚韧有为、自强不息的事业心和进取精神，激励中华儿女奋发努力，直至成功。大学生创业，需要以强大的精神支持为依托，这样在面对挫折、攻克难关时，才能勇往直前、所向披靡。

❷ **创新精神**

　　创新精神是创业精神的核心。《礼记·大学》记载，商代开国君主商汤在器皿上刻下这么一句箴言："苟日新，日日新，又日新。"就是告诉人们，要以一种创新的姿态，适应并推动社会发展，而不能因循守旧、抱残守缺；北宋程颢、程颐所说的"君子之学必日新，日新者日进也"（《二程集·河南程氏遗书》卷二十五）表明，追求新事物、新知识者就会每日都有进步，不追求新知识者相对而言就要退步；在世界文明进程中起过重大推动作用的张衡的地动仪、李春的建桥术、祖冲之对圆周率的精确计算，都反映了中华民族的智慧和杰出的创新精神。

❸ **责任意识**

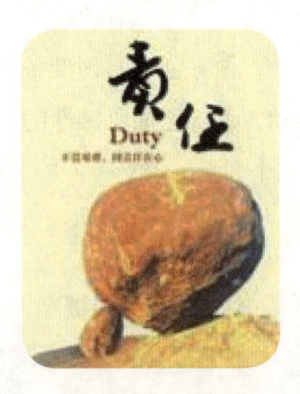

　　在经济利益的驱使下，许多人以自我为中心。当个人利益与集体利益或社会利益发生矛盾时，重视个人私利，缺乏对集体或社会的奉献精神，忽视应当承担的社会责任。这种极端的个人主义思想在大学生中也颇为流行，大学生创业中也有以追求物质化、实用化的个人利益为唯一目标的现象。诚然，事业的发展需要关注创业项目的现实利益，同时，也应当培养敢于担当、勇承重载的社会责任感，将创造经济价值和回馈社会的社会价值联系起来，将创业与自觉遵守社会公德、职业道德结合起来，以实现个人与社会共同发展的目标。

中国人物

慈善商圣范蠡

范蠡（公元前536—前448年），字少伯，春秋末年楚国人。春秋末著名的政治家、军事家和实业家，堪称历史上弃政从商的鼻祖和开创个人致富记录的典范，后人尊称"商圣"。他曾辅佐越王勾践"卧薪尝胆"灭吴兴越，功成身退。北上经商，居陶，三次经商成巨富，三散家财，自号陶朱公。据《史记》所载："十九年之中三致千金，再分散与贫交疏昆弟。此所谓好行其德者也。"他经商致富后，肯于帮助别人，威名远播，"故言富者皆称陶朱公"。人誉之："忠以为国，智以保身，商以致富，成名天下。"范蠡死后葬于陶山主峰西麓（今山东省肥城市湖屯镇幽栖寺村），后世的人们常来此凭吊他，缅怀其业绩及人品，汲取其智慧。

中国人物

儒商鼻祖子贡

端木赐（公元前520年—前456年），字子贡，以"字"闻名于世，"名"反倒不为人知。汉族，春秋末年卫国（今河南鹤壁）人。孔子的得意门生，孔门十哲之一，"受业身通"的弟子之一，孔子曾称其为"瑚琏之器"（瑚琏：古代祭祀时盛黍稷的尊贵器皿，夏朝叫"瑚"，殷朝叫"琏"。比喻人特别有才能，可以担当大任）。

子贡在孔门十哲中以言语闻名，利口巧辞，善于雄辩，办事通达，曾任鲁国、卫国之相。他还善于经商之道，曾经经商于曹国、鲁国之间，富至千金，为孔子弟子中首富。"端木遗风"指子贡遗留下来的诚信经商的风气，成为汉族民间信奉的财神。子贡善货殖，有"君子爱财，取之有道"之风，为后世商界所推崇。《史记·货殖列传》写道："夫使孔子名布扬于天下者，子贡先后之也。此所

谓得埶而益彰者乎？"孔子死后，子贡的财产可与诸侯分庭抗礼，势力非常强大，但他并未自私其财，而是因势利导去宣扬孔子之名、孔子之道，前赴后继、不遗余力。这种行为真正是后人大可贵、大可敬、大可赞、大可学之处！

"君子爱财，取之有道"说的是人们取得财富、获得利益时，要遵循一定的仁德、信义的礼法。遵纪守法、恪守社会的礼节和秩序，便能够成为合法获得利益的高尚人士。千百年来，中国人对这种高尚人士及其获取利益的方式是认可的，因此"君子爱财，取之有道"就成为许多人在追求物质利益时的基本准则了，在现代社会中，其表现为对经济利益和社会责任的兼顾。

心香一瓣

端正创业观，向那些古代优秀商人学习，要深知一个道理，即创业不只为盈利，还须兼顾社会责任。

❹ 学习精神

在知识经济时代，科技飞速发展，知识更新加快，如果不虚心学习新的知识和方法，即使原来的专业知识很扎实，也一样会被社会的进步潮流所淘汰。"学如逆水行舟，不进则退"，事业的创新与发展亦是如此，需与时俱进、不断学习。要具备立足于时代发展与激烈竞争的强大实力，应不断了解新形势、解读新政策、学习新知识、培育新技能。同时，人的大脑就如同电脑一样，只有不断整理那些过时的知识和经验，腾出空间，才能不断接受新的东西。

中国故事

空杯心态

古时候有一个佛学造诣很深的人，听说某个寺庙里有位德高望重的老禅师，便前去拜访。老禅师的徒弟接待他时，他很傲慢，心想我是学佛造诣很深的人，你算老几？

后来老禅师十分恭敬地接待了他，并为他沏茶。可是倒水时，明明杯子已经满了，老禅师还是不停地倒。他不解地问："大师，为什么杯子都已经满了，你还要倒呢？"大师说："是啊，既然杯子已经满了，干吗还要倒呢？"禅师的意思是，既然你已经很有学问了，干吗还要到我这里求教呢？这位年轻人恍然大悟，想得到圆满，还需要"空杯心态"。

心香一瓣

做事的前提，是好的心态和学习的意识。想学习更多的知识，先把自己想象成一个空杯，只有清空心中自满，才能学到更多。拥有空杯心态的人是有大智慧的人，是有望成功的人。

中国传统文化中可供创业精神借鉴的思想非常丰富，除以上几点，还有"天人合一，贵和尚中"的和谐观，"究天人之际，通古今之变"的积极进取精神，"仁者爱人，修己安人"的博爱精神，"重义轻利，见利思义"的义利观，"塞翁失马，焉知非福"的坦然心态，"匹夫不可夺志"的人格意识等。这些都能对创业精神的形成产生积极影响，是大学生培养健全人格、完善心理素养、提高综合素质的文化瑰宝。

2. 果断坚韧的创业能力

创业，只有思想准备是远远不够的，还需要百折不挠的勇气作为助推剂，有勇气者才敢于创业、善于创业和成功创业。创业的过程充满了艰辛与汗水，创业者也许会遭到他人的非议，得不到身边亲人朋友的支持，独自品尝这其中的酸甜苦辣。

从古至今，优秀的创业者的共同点是：勇于克服困难，抵得住压力，并能变压力为动力，从而实现人生抱负，推动社会发展。

在过去，中国是一个重农轻商的国度，经商被人们视为"贱业"。古代有"士农工商"四大行业，"商"被排在了最后，甚至有时一提起商人，人们便会想到"无商不奸"、"为富不仁"等贬义词。由于中国古代人们对商业和商人的极度歧视，使得商业发展受到极大阻碍，因而中国古代的商品经济也一直居于弱势地位，无法与自然经济相抗衡。有趣的是，尽管古代的人们重农轻商，商贾在社会上的地位较低，可是商业仍然是一个致富最快、极富魅力的行业，以至于每朝每代都会出现几位传奇性的巨贾，他们腰缠万贯、富可敌国，如前文所述的子贡，以及我国华商始祖王亥。

中国人物

华商始祖王亥

王亥（公元前1854年—前1803年），子姓，又名振，夏朝时期商丘人，商族。他是商部落的第七任首领、阏伯的六世孙、冥的长子。王亥是王姓始祖。

王亥经商很大程度上推动了中华商文化播撒天下的进程。他不仅帮助父亲冥在治水中立了大功，而且还在商丘服牛驯马、发展生产，发明了牛车，用牛车拉着货物，到其他部落去交易，促使农牧业迅速发展，使商部落得以强大。他开创了华夏商业贸易的先河，久而久之人们就把从事贸易活动的商部落人称为"商人"，把用于交换的物品叫"商品"，把商人从事的职业叫"商业"，人们尊称王亥为"华商始祖"、"中斌财神"。《管子·轻重戊》中"立皂牢，服牛马，以为民利"的记载，就是指相土发明马车，王亥发明牛车，驯服牛马供人使役的故事。从简单的以物易物发展到复杂的商品贸易，历史的脉络在这里找到了源头。

现在，许多创业者，不在乎创业初期的艰难、不在乎别人的流言蜚语、不在乎失败的重创，他们享受创业的过程，勇于挑战别人不敢挑战的事情，这份执着和勇气值得每一个人学习。

阿里巴巴创始人马云曾经说过，阿里巴巴的成功其实并没有太多的特技，而是从无数次的失败、从无数人的扎堆失败中爬出来的。一棵大树下面一定蕴藏着丰富的营养，来自于每一次风吹雨打的积聚。同样，一个人的成功也是如此，是一次次失败所累积起来的，如果把失败看作是人生的绊脚石，那么它就是绊脚石，因为它永远让你心痛。马云的一位同学因在找工作面试的时候被骗，于是再也不敢去面试。这样的失败可以说就是人生的绊脚石，让人再也看不到人生的光明。但若把这次失败看作人生的一次经历，从中汲取教训，那么这次面试将成为人生的垫脚石，让人看得更高更远。马云的这番话，表明一个人看待失败的态度非常重要，创业路上难免出现绊脚石，只要端正态度，绊脚石跟垫脚石就只在一念之间。

中国故事

北大毕业生陆步轩当屠夫的新闻曾一度传遍大江南北，引发了人们关于此行为是否浪费人才的大讨论。数年之后，另一位北大才子陈生也悄悄进入养猪行业，并在不到两年的时间在广州开设了近100家猪肉连锁店，营业额达到2个亿，被人称为广州"猪肉大王"。

说起北大，人人都向往；说起北大毕业生，人人都羡慕。但当社会上出现了北大毕业生杀猪卖肉的消息时，很多人惋叹这是"大材小用"。殊不知，"天生我材必有用"，"是金子总会发光的"。北大毕业生在国人眼里是高才生，应该从事与之相适应的工作，而非杀猪卖肉摆摊子。同是北大毕业的陆步轩因为从事杀猪卖肉这一行，曾在面对他的母校和学弟学妹们时说，"我给母校丢了脸、抹了黑，我是反面教材"。但在今日，人们从陈生身上看到的不是作为反面教材的羞愧，而是励志成才的好典型、好榜样。很多媒体用"他把猪肉卖出了北大水平"来表示点赞是不为过的。北大老校长许智宏也说道："我们北大学生卖猪肉也能卖到最好！"

（二）方向明确

在所有创业者的心中，没有人不渴望成功。人的成功在于能将理想、蓝图付诸行动，而不是只停留在梦想的阶段。既然选择了创业这条路，除了具备积极的创业精神之外，更重要的是找准自己的方向。

人的精力都是有限的，不断地浅尝辄止，还不如专注于重点目标，努力突破，切勿一失败就断然放弃。当你选择放弃的时候，就必须选择一个新的起点重新开始，而这又会浪费多少时间与精力呢？想要创业成功，就要找准目标，并不断向这个目标努力，积累经验，创新思维，调整步伐，抓住突破口。那么，接近目标有哪些途径呢？

1. 好风凭借力——吃透政策

如今，国家和地方政策均为高校毕业生提供了便利和帮助，大学生应结合自身实际，把握机遇，敢于创新，勇于创业。党中央、国务院高度重视高校创新创业工作的开展，党的十八大明确指出，要加大创新创业人才培养支持力度。习近平总书记作出重要指示，要求加快教育体制改革，注重培养学生的创新精神，造就规模宏大、富有创新精神、敢于承担风险的创新创业人才队伍。李克强总理强调，要把创新创业教育融入人才培养，切实增强学生的创业意识、创新精神和创造能力，为建设创新型国家提供源源不断的人才智力支撑。2015年5月，国务院办公厅专门印发了《关于深化高等学校创新创业教育改革的实施意见》，对深化高校创新创业教育改革从国家层面作出了系统设计、全面部署。

江西省2016年《政府工作报告》指出："激发创业创新活力。加快推进大众创业、万众创新，打造众创、众包、众扶、众筹支撑平台；大力发展'创客空间'、'创业咖啡'、'创新工场'等新型众创空间，形成各类创新主体互促、民间草根与科技精英并肩、线上与线下互动的生动局面。……大力发展科技企业孵化器。充分发挥企业家作用，弘扬创新创业精神，着力培育尊重知识、崇尚创造、追求卓越的创新文化，营造人人皆可创新、创新惠及人人的社会氛围。"

宜春市2016年《政府工作报告》同样指出，要培育众"创客"，激发创新创业新动力。致力疏通创新创业中的"堵点"，

破解创新创业中的"难点",进一步激发社会活力、释放巨大动力。如,推广大学生创业引领计划,至少扶持500名大学生成功创业;鼓励宜春学院、宜春职业技术学院建立创业学院、创新中心、创客空间,争创大学生创业孵化省级基地。加强对外交流,巩固与武汉大学、同济大学、中南大学等高校及科研院所合作,促成产学研项目200个以上。

在宜春职业技术学院,大学生创新创业孵化基地、创客中心、赣西电商创新创业人才孵化基地等的建立,均是学校积极响应党中央以及地方政府号召,服务师生、提供众多创业途径的体现。

相关链接

宜春职业技术学院创客中心

宜春职业技术学院创客中心总面积约2000平方米,一楼为创业商铺,二楼为校内电子商务运营仓储基地,三楼为大学生创业孵化中心。

它以全方位服务大学生创客创业就业为出发点,依托学校雄厚的师资力量和丰富的教学资源,立足于先进的设施及实践平台,在校园打造服务于青年学生的创新创业就业中心。创客中心将充分发挥社会力量作用,着力发挥政策集成效应,实现创新与创业相结合、线上与线下相结合、孵化与投资相结合,为有创业梦想的青年学生提供良好的创新创业空间、网络空间、社交空间和资源共享空间。创客中心还将有效地开展校企合作,参加创新创业的学生将在中心先学习,再合作,再自主创业,降低学生创业风险,帮助学生逐渐成长为经得起市场风浪的创业者。

2. 众人拾柴火焰高——组建团队

创业的准备阶段,除了要做好市场调研、筹备资金等工作,还需要组建一支强有力的合作团队来践行目标。俗话说:"众人拾柴火焰高。"在创业的过程中,由于个人的专业、能力、时间、社会资源的有限性,很难凭借一己之力走向成功,这就

德行天下 DEXINGTIANXIA

需要团队的力量。个人的力量,只是草尖露珠;集体的智慧,才是长河流水,组建一支优秀的创业团队是创业成功的关键。

《弟子规》有云:"兄道友,弟道恭;兄弟睦,孝在中。"这里所说的兄弟和睦,就是告诉我们,任何时候都要以和为贵,平等尊重,要有团队精神。任何一个团队,都离不开规章制度,每个团队的规章制度,都是在保障这种精神在公司里的延续。道理虽然简单,但是当人们聚集在一起共事的时候,往往就得不到很好地执行。尤其是在危急关头,需要人心凝聚,而非"各自飞"。团队是由人构成的,因性格、学历、思想、成长经验等的不同,思维方式和价值观会在合作的过程中发生碰撞。一旦觉得自己的利益得不到保障,无论是"祸"或"福",都不去同享共担,这种团队势必面临困境。

所以,一个团队能否做到真正的合作,并非取决于团队规模的大小、运作的方式、制度的完善以及资金是否雄厚,还取决于团队成员的基本态度和团队精神。良好的团队协作可以从中国传统文化中寻找借鉴。中国自古就是礼仪之邦,尚"礼"求"和"。孟子曰:"威天下不以兵革之利。"何以威天下?孟子的解答是"仁"。何为仁?和也。和,是一种文化,是需要人们精心培育和建设的文化。它有多重含义,如相安,谐调,平息事端;和美,和睦,和衷共济;祥和,和平,和气悦人。如果一个团队能做到团结和睦,既能为事业的成功锦上添花,也能在危机和失败中同舟共济,化险为夷。

中国道理

"以和为贵"的思想随着中华文明流淌了几千年。事事以和为贵,会少许多干戈和烦恼。孟子在《公孙丑》下篇中有云:"天时不如地利,地利不如人和。"三者之中,"人和"是最重要的因素,"地利"次之,"天时"又次之。三国中的曹操占天时,兵多将广;孙权占地利,势在长江;而刘备占人和,拥有大将关羽、张飞、赵云和智囊诸葛亮。最终蜀汉与东吴联盟,致曹魏百万雄师灰飞烟灭、兵败长江。

相关链接

与犹太商人打交道，你会发现他们总是面带微笑。不管是生意谈崩，还是为合约发生矛盾，他们总会以笑脸说出其否定的态度。有时对方发脾气，双方不欢而散，犹太人还是会给对方说声再见。要是第二天他再遇上你，他仿佛没有过不高兴那回事，仍以笑脸问候你："早上好。"这种和气的仪表，在人际交往中是一种有效的融合剂，在商务活动中是一种有效的促销手段。人是群体动物，人际关系是否和睦，对事业影响很大。商品或服务，因得人喜爱乐用而使企业家赚钱发财；政治家开展政治工作，因得人心而昌盛；歌唱家举办演唱会，因得乐队的配合而赢得赞赏等，一切离不开人。犹太人领会这一道理，把人与人的关系处理好，成为他们成就事业和发财致富的一种技巧。

心香一瓣

以和为贵，重视团队，这是每个职场人应学会的技巧。若能有理也懂得礼让三分，尊重团队成员，珍惜团队成果，会让人在职场中如鱼得水，创造更多的财富，结交更多朋友。

3. 天时地利人和——把握机会

创业是发现市场需求，寻找潜在的市场机会，通过投资经营来满足这种需求的活动。创业需要机会，机会需要靠慧眼去发现。在茫茫的市场大潮中要想寻找到合适的创业机会，并非易事。生活中，我们经常可以听到身边的家人朋友抱怨"要是早几年做某某事就好了，现在做什么都难了"，"别人运气怎么这么好，我运气真背"，等等。其实这些都是误解——机会无处不在，我们缺乏的仅仅是识别机会的能力。如何寻求适合自己的创业机会呢？

首先，可以从自己熟悉的领域中寻找。在熟悉的行业中，发现创业机会的概率往往是最大的。比如现在十分流行的微商，很多微商的成功，不在于价格低廉，而在于抓住了人们的生活需要，且随着需求变化不断推陈出新，再利用手机客户端的便捷高效，获得可观的经济利益。再如，随着居民收入水平的增加，私家车数量激增，同时洗车店、汽车保养店等相关店铺也越来越多，这正是那些创业者看准了商机，尊重客户需求的体现。

校园人物

人生成功的秘诀就是当好机会来临时，去抓住它。宜春职业技术学院师范学院2015级大学前（4）班学生李依云听说学校的创客中心可以提供摊位，主动咨询，并通过他人引荐，加入创客。

她选择做的是手工口红，自己琢磨制法。这不是一件简单的事，虽然基本制作方法可通过网络查询，但材料的制作比例是没有的，要靠制作口红的人多次实验，累积经验，完善程序和方法。"记得那个时候，我差不多一个月都是在通宵制作口红，常常整晚毫无所获，同时不能影响正常学业，每天按时上课并克服困意。生活除了上课就是制作口红，那段经历让我难忘。"

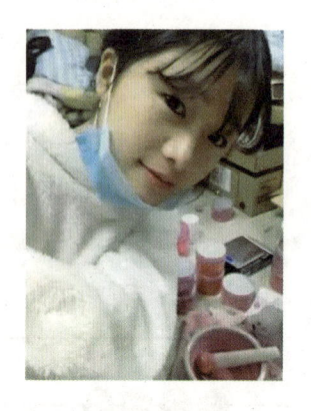

经过一个月的苦熬，她研究出一款健康型口红，主要原料为橄榄油、蜂蜡等健康无毒的材料，人们在饮食的时候也不用担心吃进去会伤害身体。她不断研制和熟悉制作方法，配制出多种颜色，卖出了第一支、第二支……生意越来越好。如今，李依云的口红月销量高达1000多支，已发展40多个代理，月收入已过万。她说："能在课余时间做自己喜欢的事，很满足！记得过年时，别人在开心团圆，而我仍在忙碌，那个年过得好快，收获也颇多。以后，除了继续销售口红，我还想开服装店，一店两用。"

其次，可以在行业竞争中寻找创业机会。物竞天择，适者生存。创业者通过对企业竞争产生的问题做深层次分析，扬长避短。这其中所产生的机会也将会成为新的创业机会。

校园人物

白手起家历千辛　苦尽甘来创未来

周义平，曾是青涩稚嫩的学生，家中有四兄弟，父母早在十几年前双双患病后残疾，作为次子，他担起责任，从小自强自立。19岁时，他被宜春职业技术学院录取，成为教育系的一名学生，为得到更多历练，上学期间在学校对面的照相馆打工，因为资历太轻，工作三个月，他连相机都没有摸过。从此他心里便立下了第一个人生目标——买台属于自己的相机。

毕业后，本应步入教师队伍的周义平弃文从商，开办红叶数码照相馆。创业没有想象中那么简单，传统行业复杂的关系曾令他举步维艰。然而，他骨子里有着一股不服输的劲头，屡屡碰壁下不但没有气馁，反而化悲愤为力量，最终通过学校及各方资助，筹集到基本运营的资金。他不断总结经验，深入调查，总结出三点:控制支出，细致规划;完善设备，提高技术，满足客户需求;品质至上，平民价格。为让顾客满意，周义平将大量资金投入到设备中，如今店里设备在全市数一数二，连打印照片的纸和墨水都是国内顶尖质量，他不惜成本压低利润只为打造良好信誉。2012年，生意渐渐有了起色，店里项目也越来越多，从原来小型复印、证件照拍摄延伸到高速复印、精修证件照、婚礼跟拍、航拍、影视后期等。

他的真诚执着和优质的服务也打动了顾客，客流源源不断。如今照相馆经营得有声有色，年利润在十万元以上，未满30岁的周义平已经组成幸福的小家庭，他也将店交给弟弟周义和打理，自己转战另一沙场，带动亲友共同富裕。

最后，从新兴产业中寻求创业机会。新知识、新技术的产生会带来更多新产品、新服务。

（三）创业唯新

创新是人类特有的认识能力和实践能力，是人类发挥主观能动性的充分体现，是推动民族进步和社会发展的不竭动力。一个民族要想走在时代前列，就不能停止创新思维与实践。中华民族自古以来就具有自强不息、锐意创新的光荣传统。

大学生接受着高等教育，学习先进的科学文化知识，是思维活跃、富有智慧的群体。作为未来创新的主力军，应努力适应知识经济时代和国家社会主义建设事业需要，勇担责任，实现崇高的人生理想。

> **相关链接**
>
> ### 首届中国"互联网+"大学生创新创业大赛冠军项目
>
> 2015年，在首届中国"互联网+"大学生创新创业大赛上，北京航空航天大学以"unicorn无人直升机系统"的发明力挫1800余所高校的5.7万多支参赛团队，最终获得总冠军。
>
> 这一奖项是对李琛及其带领的"天峤创新"创业团队的认可。该团队组建于2013年底，2015年初正式成立公司，专注于高端无人飞行系统的研发、制造、集成、服务，为客户提供可靠、专业的无人系统行业解决方案。目前，该团队所研发的一款无人机空机仅重15千克，载荷达25千克（含油）。
>
> 该团队主攻目前相对处于空白的民用B2B无人机市场，通过"互联网+无人机"，解决了市场"痛点"。目前，部分地区采用人工巡检管道，不仅效率低、缺乏标准化处理，还难以及时响应。而"天峤创新"创业团队研发的无人机巡检能够实时航测、绘制图像比对、发现特殊情况发生点及危害覆盖范围、传递准确的GPS信息，还能自动生成阶段性巡检结果和风险控制报告。团队已研发出具有自主知识产权的"整体壳承力结构"技术、涡轮轴能力系统、自驾系统、实时移动数据平台等核心产品。为使"互联网+无人机"更好地造福民众，创业团队正研发应急无人机系统，该系统能提高获取灾情的效率，并可直接参与应急救援。

团队对无人机创新研发的关注，源于创始人王川在密歇根大学做访问学者时，曾接触到小型涡轮轴发动机，以及中小型民用无人机的先进技术。于是他拒绝了国外高薪工作的邀请，回国与李琛一起搞起了研发。一个主内，一个主外，主攻技术的王川每天把自己关在小屋16小时埋头设计飞机，李琛则出去跟各种人打交道找资源。

研发中，团队遇到过许多困难，融资过程也不顺利。"根本融不到，北京的资本对无人机不了解，好多公司不愿意投，后来还是遇到一个北航校友，在他的支持下有了资金注入。"李琛说，获得校友的融资是一种缘分，创业成功，与母校注重实践教学的理念也是密不可分的。从本科开始，北京航空航天大学就设有科研实践、竞赛等一系列课外实践体系，被称为"本科生科技创新激励计划"。

李琛说，"国家鼓励大众创新、万众创业，北航有科技园、孵化器、种子基金，给大学生提供场地、经费、人员的支持。所以，这几年北航的创业氛围特别火，也符合了国家在新时代的战略需求"，"最开始就是一个科技创新项目，有老师带着去搞研究，后来逐渐展现出一定市场价值时，就会进行成果转化，最终就变成创业项目"。

"不一定每个人都去搞创业，但是每个人都应该有创业精神。不要把东西停留在纸面上，而是把它做下去，当别人都做到5分时，你再往下做一步，可能会打开更广阔的天空。同时，学校进行创业教育，与社会紧密结合，会使人才更有竞争力。"当被问道：大学生创业应该具备什么样的特质？李琛说："第一，敢想敢干；第二，沉着冷静，既富有激情，又要理性；最后，一定要意识到创业是一个团队的事情。"

大学生可从以下几个方面来提高自己的创新能力：

第一，多角度思考问题。在学习上，独立思考，独立完成作业，有意识地从不同的角度锻炼自己的思维能力，勇于质疑老师和权威。创新需要发散思维，多角度地思考问题，或许你会发现"新大陆"。在书海中遨游，做书的主人，敢于去挑战书中的观点和方法。珍惜学习机会，从课堂走向课外，多阅读优秀课外书籍，拓展视野，考虑问题多元化。

第二，注重有用的创新。李开复曾在《做最好的自己》一书中提到，创新固然重要，但有用的创新更重要。这说明了一个问题，创新并不是随意的凭空想象，它必须具有一定的可行性。有用的创新，关键在于"有用"两字，也就是说得有需求，有了需求就有市场。有用的创新往往来源于生活，服务于生活，能为自身和社会创造价值。

相关链接

摩拜单车创始人胡玮炜

在创新创业的大背景下，越来越多的年轻人开始创业。"从事汽车媒体十年，接触科技有四五年，个人经历让我思考未来的出行会是什么样呢？"说起创业经历，胡玮炜说，"我也买过自行车骑着上下班，但是搬来搬去很不方便，个人出行能否实现交通工具的复兴？随时随地获取是我的需求。"

"它叫摩拜，英文名mobike，把它放在街头，人人可用，随处可得，且只要一块钱就可以骑走。"胡玮炜说，从2014年底有了想法到2015年初注册成立公司的两年时间里，她花费了许多精力，找投资、建工厂、组建研发团队，生产出一款智能共享单车。

2016年8月16日凌晨，摩拜单车出现在北京中关村区域的街头。摩拜团队把车辆放在街道两侧白线内的自行车停放区域，期待清晨能给大家一个惊喜。令人意外的是，北京白领们也送摩拜一个惊喜——几百辆摩拜单车，在没有任何推广宣传的情况下，迅速被中关村附近的居民、白领接受并喜欢。凌晨投放在中国电子大厦附近的二三十辆车，当天上午九点就只剩六辆。

每辆车都有GPS定位，手机打开就能找到离搜索者最近的车，扫码开锁，随骑随走。从依靠骑行充电的经典版到利用太阳能充电的lite版，依托"智能锁+大数据"，摩拜一直行走在创新的路上。"摩拜首先是一个科技公司，在共享经济的时代为大家提供无桩智能公共自行车。"胡玮炜说，"创业就是不停地解决问题，从产品设计研发到规模化、量产化，我们曾一个月一个月地交房租，与当地政府谈合作获取支持。"

从最初日产三百辆车到现在日产上万辆车，摩拜成为全球最大的智能共享单车运营平台，也成为全球最大的移动物联网运营平台之一。胡玮炜对中国制造充满信心。"没想过会这么快！最大最全的自行车产业链在中国，没有中国工厂的基础建设和各类人才的加入，在这么短的时间内实现原创设计是不可能的。"

摩拜社区的出现很好地诠释了摩拜的社会影响力。"摩拜的口号是让骑行改变城市。从广州开始，很多城市陆续出现了摩拜社区，大家相约一起骑行去参加活动。"胡玮炜说，"骑行会让城市充满活力，被遗忘的像毛细血管一样的街道将得到复兴，街边的小店会变多，人与人的交流也会更亲密。更多人的骑行，推动着城市向更人性化的方向发展。"从出行方式、技术创新到商业模式创新，摩拜希望推动制度创新。

"很多人问我，你怎么赚钱盈利。老实说，一开始做这件事的时候，我并没有想明白。不过我知道，摩拜本来就是一件有社会价值的事，社会价值和商业价值不冲突。"胡玮炜说，每个行业都需要积累，要不断寻求自我突破，互联网经济与传统经济不同，大家都在用这个产品，产品的价值才是最大的。"我们想建立一种价值观，一种使用习惯，0到5公里的出行选择自行车，形成城市的互联，同时教育引导用户，建立诚信体系。"

心香一瓣

年轻就要敢拼敢闯，用行动证明自己的价值，拥抱新的生活，生活将用你想象不到的方式来回馈你。

第三，积极参加社会实践活动。大学生可在业余时间积极主动参加创业实践，在实践中获得更多的社会阅历，积累经验，增长才干，减少创业的盲目性。

校园人物

创新小能手——刘智

刘智，宜春职业技术学院信息工程学院2015级网络大专班学生，一个充满阳光气息的男孩，多次获得专业技能竞赛第一名，喜欢新鲜事物，对电子科技非常感兴趣。近期，他自制的无人航拍机多次亮相校园天空。

对于刘智来说，选择了自己感兴趣的专业，学习起来游刃有余。于是，他更多的时间用于"炫酷"的兴趣爱好：摄影、书法、钢琴、滑板、骑行，只要他认为有趣的事他都会果断地行动起来。在众多的兴趣爱好中，他最钟情于电子。当对IT有所掌握后，他不再满足现有水平，而是大胆尝试，把IT与摄像相结合，开始尝试制作无人航拍机——四轴飞行器。

2016年4月，他买了第一个四轴飞行器开始研究。"万事开头难"，第一次试飞时，由于风大和对机器的不甚了解，飞行器"牺牲"在校园荷花池。随后，他多方搜集资料，学习飞行器的构造和运行原理，并绘图、设计、制作。"困难总是会有的，有时候不经意间的错误导致的问题足以毁掉所有，例如线路接错、机架松动等。"制作好后便开始重要的调试工作，近一个月的调试中，飞行器跌落了无数次，更换了数次材料，拆了又装，装了又拆，反反复复，不断解决、改进。经过几个月的试飞，飞行器终于可以在天空翱翔和进行拍摄了。

心香一瓣

解放思想、勇于创新，才能在思索问题和分析困难时，不墨守成规，勇敢地迎接挑战，敢想前人没想过的事，敢创前人不曾创成的业，在激烈的行业竞争中脱颖而出。

升华·体验

1. 根据美国哈佛大学管理学教授赫茨伯格提出的创新者的十大关键特征（智商超常，但非天才；善出难题，不谋权威；标新立异，不循成规；甘认不知，善求答案；我就是我，不与人比；以干为乐，清高寡欢；积极解忧，不信天命；只要成就，不要发迹；合理用心，有张有弛；才思敏捷，激进迸发）进行自我创业能力评估。

2. 模拟创业大赛。以班级为单位，收集创业计划书，邀请校内外专家进行可行性鉴定。

参考文献

［1］王霁：《中国传统文化》，北京：清华大学出版社，2014年11月。

［2］刘恩允等：《大学生生命教育研究》，北京：中国社会科学出版社，2012年11月。

［3］柴志明、何仁富主编：《大学生命教育论——首届"海峡两岸大学生命教育高峰论坛"论文集》，北京：中国广播电视大学出版社，2010年12月。

［4］肖川、曹专：《生命的脆弱与灵动：生命教育中学生读本》，长沙：岳麓书社，2010年2月。

［5］中国青年杂志社编：《传统文化中国行：我对经典有话说》，北京：中国青年出版社，2016年2月。

［6］老泉、谢月华：《品读〈弟子规〉感悟职业人生》，北京：中国言实出版社，2013年1月。

［7］刘建琼等：《中国经典给教师的教育智慧》，上海：华东师范大学出版社，2016年11月。

［8］付守永：《工匠精神——向价值型员工进化》，北京：中华工商联合出版社，2015年12月。

［9］本书编写组：《大学生创新创业基础》，南昌：江西高校出版社，2016年2月。

［10］吴天石、马莹伯：《谈谈我国古代学者的学习精神和学习方法》，北京：中国青年出版社，1962年。

［11］宋言静、张方方：《反观传统文化成才观对大学生就业的影响》，《长春工业大学学报》（高教研究版）2014年第6期。

［12］俞鹏：《浅析中国传统文化与大学生就业观》，《科教纵横》2009年第6期。

［13］周韬、陈细英：《优秀传统文化与大学生就业观教育的融合》，《武夷学院学报》2014年第12期。

［14］高红梅：《传统文化教育与大学生非智力因素培养研究》，《现代营销》（学苑版）2013年第1期。

［15］张连春、赵宝新、赵丽新、李敏：《中华优秀传统文化对情商素质开发的

启迪作用》,《河北北方学院学报》(社会科学版) 2012 年第 6 期。

［16］潘教峰、张凤：《以科技发展战略研究引领未来创新发展方向》,《中国科学院院刊》2016 年第 8 期。

［17］于洪霜、何瑞麟：《论高校思想政治教育与中国优秀传统文化教育的结合》,《教育与职业》2012 年第 18 期。

［18］孙虹乔、陈光荣：《高职创业教育的发展定位及培养模式》,《学术交流》2011 年第 12 期。

［19］喻怡、田晓红：《我国高校创业教育的问题及对策研究》,《中国大学生就业》2012 年第 2 期。

［20］肖忠群：《论中国古代邻里关系及其道德调节传统》,《孔子研究》2009 年第 4 期。

［21］张勇：《古代的工匠精神》,《西安晚报》,2016 年 4 月 17 日。

［22］《中国古代传统饮食文化及礼仪》,华商网,2010 年 7 月 28 日。

［23］《衣冠与中国古代的礼俗文明略谈》,新浪网,2007 年 1 月 31 日。

［24］老博：《古代民居》,新浪网,2012 年 2 月 11 日。

［25］李伟：《河南传统民居中蕴含的儒家文化》,论文网,2014 年 7 月。

［26］《谈学习的重要性》,麦子宝宝的 360 个人图书馆,2014 年 3 月 18 日。

［27］曾美海、罗同昱：《论古代工匠精神的价值内涵》,民建中央网,2016 年 11 月 21 日。

［28］《谈谈如何弘扬工匠精神》,应届生毕业网,2016 年 10 月 8 日。

［29］www298e 的博客：http://blog.sina.com.cn/u/2535881280。

后　记

　　文化是民族的血脉，是人民的精神家园。大学生是国家和民族的希望，应努力学习人文知识，自觉吸收传统文化精髓，提高综合素养。基于此，为激发大学生学习传统文化的积极性，打造优秀校园文化，让学生在"春风化雨、润物无声"的教育中获得真善美的启迪，领悟传统文化的魅力，自觉成为优秀传统文化的传播者、践行者、发扬者，宜春职业技术学院党委书记宋晓文策划，组织思政部编写了这本《德行天下：中华优秀传统文化辅学读本》。作为中华优秀传统文化辅学读本，本书的阅读对象为高等院校的大学生及相关教育者。

　　中华文化源远流长、博大精深，只有结合阅读对象的特点去选择最适合的角度、内容及方式，才更能发挥其深远持久的价值。为此，本书立足高等学校，以通俗的语言、鲜活的案例、精美的图片、实践的拓展，将中华优秀传统文化与校园文化相结合，分三个篇章九个层次呈现给大学生，尽可能做到深入浅出。我们期望本书能对大学生感受文化魅力、掌握文化精粹、养成传统美德、树立文化自信起到积极作用，达到立德树人的目的。本书由宋晓文任主编，杨云山、高健群任副主编，龚晓明校审。具体编写人员分工为：杨莉负责全书框架和审稿统稿工作；张正芳（第一篇　发现生活之美）；彭慧洁（第二篇　享受生命之趣）；任玉慧、李英敏（第三篇　开创未来之路）；徐国良对本书编写有重要贡献。

　　本书编写过程中，参考、借鉴了相关研究成果、资料和图片，在此表示衷心感谢！由于时间及水平有限，本书难免有不足和疏漏之处，恳请读者批评指正。

编　者

2017 年 4 月